다
큐
하
는 마
음

다큐하는 마음

— 양희 인터뷰집

제철소

"사진이 찍혀지는 순간까지 그것과 함께 머물러야 한다."

필립 퍼키스, 『필립 퍼키스의 사진강의 노트』

어떤 사랑은 증명을 통해서만 구체화되고 힘을 얻는다. 만일 그 사랑이 한 사람을 향한 것이 아니라 공동체나 환경, 지금은 사라지고 없는 역사적 시간에 대한 것이라면, 그래서 그 사랑이 이해이고 공감이고 연대라면, 그것은 분명히 증명되어야 한다. 다큐멘터리는 그 사랑을 '포기하지 않음'으로 증명한다. 한 순간도 놓치지 않는 집요한 시선, 어떤 상황에서도 물러서지 않는 용기, 결코 잊지 않겠다는 다짐으로 말이다. 비록 촬영된 시간은 전부가 아니며, 편집되어 보여지는 시간은 더욱 짧은 순간일지라도 다큐멘터리는 그것과 함께 머문다. 함께 머무르는 것이야말로 가장 큰 용기이고 응원이고 사랑이기 때문이다. 그렇게 머무르는 시간 동안 새겨진 현장의 바람, 목소리, 눈물은 '다큐멘터리 영화'라는 몸을 얻어 관객들을 만나는 순간 저마다의 이야기로 다시 피어난다. 이것이 다큐멘터리가 가진 힘이고 사랑이다.

다큐멘터리 작업과정은 극영화와 자주 비교된다. 복잡한 것 같지만 실은 단순하다. 간단히 말하면 이 둘의 차이는 시나리오가 어느 시점에 존재하느냐 하는 것이다. 극영화는 시나리오를 먼저 쓰고 그에 맞춰 배우들이 연기를 한다. 반면 다큐멘터리는 실제 인물의 상황을 먼저 찍고 그것을 바탕으로 시나리오를 쓴다. 그 차이다. 극영화는 시나리오를 기반으로 콘티를 만들고 촬영하지만, 다큐멘터리는 충분한 자료조사와 사전 인터뷰 등을 통해 발생 가능한 사건을 예측하고 캐릭터를 분석하는 구성 과정을 거친다. 마치 집을 지을 때 전체적인 집의 형태를 결정하고 방과 거실, 주방 등 중요한 공간을 배치하는 것과 같다. "다큐멘터리는 내용물을 창조해내는 자유 대신 이미 존재하는 현실을 끄집어내고 조합하고 배열해야 하는 제한을 전제에 두고 있다"(『다큐멘터리의 새로운 역사』, 허욱 외 옮김, 비즈앤비즈)라는 잭 C. 엘리스의 설명처럼, 다큐멘터리는 현실로부터 얻어짐과 동시에 그 현실에 의해 제한된다.

> 그림을 그리는 사람들은 무언가를 다른 이에게 보여주기 위해서가 아니라 보이지 않는 무언가가 계산할 수 없는 목적지에 이를 때까지 그것과 동행하기 위해 그린다.
>
> — 다큐멘터리 영화 〈존 버거의 사계〉에서 존 버거의 말

그런 사람들이 있다. 진취적인 이들이 실시간으로 사건

을 포착하고 세상을 이끌어갈 때, 한걸음 뒤로 물러서서 주변을 살피고 기록하는 사람들. 무슨 일이 벌어진 걸까(현상)보다 왜 이런 일이 벌어졌을까(본질)에 더 초점을 맞추는 사람들. 누군가는 돈도 되지 않는 일에 왜 그리 열심이냐고 하고, 또 누군가는 요즘 세상과는 잘 맞지 않는 순정주의자나 이상주의자라고 한다. 어쩌면 시인과 가장 닮아 있는 이들이 바로 '다큐하는 사람들'이다.

이들은 '사랑은 함께하는 것'이라는 명제를 실천하는 자들이기도 하다. 비평가이자 소설가이며 화가인 존 버거(John Berger)의 사계를 5년간 촬영한 다큐멘터리 영화 〈존 버거의 사계〉에는 그가 그림을 그리는 장면이 여러 번 나온다. 태어난 날과 장소가 같아 특별한 인연이 된 배우 틸다 스윈튼이 그를 방문해 '그림 그리기'에 대해 묻자, 그는 무언가를 그린다는 것은 '보여주기' 위한 것이 아니라 '동행하기' 위한 것이라고 말한다. 순간, 멈칫했다. 그 말은 다큐멘터리 작업과 완전히 일치하는 말이기도 하다. 다큐멘터리 역시 보여주기보다는 함께하기 위해 시작되는 경우가 많다. 다큐멘터리를 만드는 사람들은 자신이 촬영하고 있는 그 대상과 가능한 오랫동안 함께한다. 함께 있어주는 것이야말로 최고의 연대임을 알기 때문이다. 팽목항에 앉아 하염없이 검은 바다를 바라보며 돌아오지 않는 자식을 기다리는 부모들을 그냥 두고 올 수 없어서, 밀양의 철탑 아래 쇠사슬로 몸을 묶은 할머니들을 그냥 두고 갈 수 없어서, 폭탄이 떨어지는 분쟁지역에 남은 이들을 못 본 체할 수 없어서…, 그리고 무엇보다 그들을 기록해 기억하기 위해서 다큐멘터리는 바로 그 자리에 함께한다. 당장 누군가를 처벌하고 법을 만들고 난민을 해결할 수는 없지만, 최소한 함께할 수는 있으니까.

다큐하는 마음은 왜 생겨난 것일까?

한 사람이 일생 동안 만나게 되는 공간은 그리 넓지 않다. 사방연속무늬처럼 반복되는 일상을 좇다 보면 세상은 더욱 좁다. 그렇기에 우리는 영화와 시, 그림과 음악을 통해 수많은 인생을 배워나가야 한다. 그것이 바로 나를 이해하고 상대를 이해하는 길일 것이다. 하지만 "인간이 배울 만한 가장 소중한 것과 인간이 배우기 가장 어려운 것은 정확히 같다. 그것은 바로 타인의 슬픔이다"라고 신형철은 말한다(『슬픔을 공부하는 슬픔』, 한겨레출판). 눈앞에 펼쳐진 하루하루를 살아내느라 힘겨운 우리는 안타깝게도 지구 저 반대편은 고사하고 이웃 마을, 이웃 직장에서 벌어지는 일조차 잘 알지 못한다. 잘 알지 못하기에 이해하지 못하고, 이해하지 못하기에 함께 슬퍼하기 어렵다. 하지만 슬픔을 나누지 않고서는 위로받을 수 없다. 상대의 슬픔을 안아줄 수 있을 때 나도 위로받을 수 있기 때문이다.

다큐하는 이들은 짧게는 몇 달에서 길게는 5년, 10년 동안 하나의 이야기를 좇는다. 1년 내내 비슷한 옷을 입고 비슷한 얼굴로 다닌다. 어지간히 미련하거나 고집스럽지 않다면 불가능한 작업들. 요즘 세상에 누가 그런 일을 할까 싶은데, 그런 일을 하는 이들이 있다. 현재 우리나라에서 다큐멘터리 전문 영화제나 각종 국내외 영화제에 이름을 올리고 활동하는 다큐멘터리 감독은 약 400여 명에 달한다. 어딘가에 소속되지 않고 혼자 작업하는 사람이나 학생, 비전문가 등을 합치면 훨씬 더 많은 독립 다큐멘터리 감독들이 있지 않을까 싶다. 변변한 고정수입도 없고, 제작을 한다 한들 개봉이 보장되지도 않는다. 그럼에도 그들이 그토록 어렵사리 다큐멘터리를 만들고 개봉관을 찾기 위해 애쓰는 이유는 단 하나, 사랑하고 있기 때문이다. 끝내 말하고 싶고 보여주고 싶고 함께 생각하자며 건네고 싶은 이야기가 있기 때문이다. 난민, 해고 노동자, 성소수자, 잘려나가는 천년 숲, 강정에서 일어나는 일 등 우리 사회의 여러 문제들을 하나의 이야기로 만든 후 함께 보자고 한다. 생각해보자 한다. 그것이 바로 다큐하는 사람들의 마음이고 또 힘이다.

어떻게 하면 다양한 삶의 모습에 접근하고 이해할 수 있을까? 세상 곳곳을 직접 찾아다니며 많은 사람을 사귀고 그들의 이야기를 듣는 것이 가장 좋겠지만 시간과 공간에 매인 우리에겐 거의 불가능한 일이다. 그렇다면 간접적인 방식이 남는데, 그중 소설 읽기는 참 좋은 방식 중 하나다. 작가가 지어 낸 이야기를 읽으며 독자들의 머릿속에는 각기 다른 세상이 만들어지고 각기 다른 얼굴의 주인공들이 찾아든다. 주인공들 이 살아내는 삶에 웃고 울고 하면서 그들의 삶을 알게 되고 또 이해하게 된다. 소설가이자 평론가인 로버트 펜 워런이 말했 듯, "소설이 우리에게, 우리가 원하는지조차 몰랐던 것들을 줄 수도 있을 거라는 사실"을 기억해야 한다. 소설은 독자로 하여 금 전혀 새로운 공간과 시간을 경험하게 한다. 그래서 한 권의 책을 덮고 나면 우리는 분명 다른 사람, 새로운 사람이 된다. 또 하나, 내가 추천하고 싶은 방법은 다큐멘터리다.

지난가을, DMZ 국제다큐멘터리영화제에 참석했을 때 일이다. 지혜원 감독의 〈안녕, 미누〉라는 이주노동자에 대한 다큐멘터리였다. 네팔 청년인 주인공 미누(본명 미노드 목탄)는 1988년 서울올림픽을 보며 한국을 동경하다가 4년 뒤 15일짜 리 관광비자로 한국에 들어와 18년간 한국에서 이주노동자이 자 밴드의 리더로, 인권운동가로 살았다. 그가 빨간 목장갑을 끼고 노래할 때면 많은 친구들이 함께했다. 하지만 그는 불법 체류자였고, 2009년 마침내 강제출국 조치가 내려진다. 그의 이야기를 담은 다큐멘터리가 완성되고, 그는 사흘간의 조건 부 입국허가를 받아 2018년 한국을 다시 방문하게 된다. 하지 만 한 달 후 그는 심장마비로 사망한다.

영화는 그의 마지막을 추가해 2019년 영화제에서 다시 관객들을 만났다. 영화 상영이 끝나고 감독과의 대화가 이어졌다. 추모의 말들이 오가던 중 육십대라고 자신을 소개한 한 남성 관객이 마이크를 잡았다. "나는 이 영화가 뭔지 모르고 봤습니다"로 시작된 그의 소감. 관객들은 어떤 말이 이어질까 긴장하고 있었다. 혹시나 '이주노동자에 대해 비판적인 의견을 가진 분은 아닐까' 여러 생각이 오가던 그때, 그의 소감이 이어졌다. "그런데 내가 울었습니다. 나는 여직껏 이주노동자에 대해 모르고 살았는데, 이 영화를 보고 알았습니다. 앞으로 관심을 갖고 응원하겠습니다." 무슨 말이 더 필요할까. 몰랐지만 이제는 알았고 그래서 함께하겠다는 마음. 다큐멘터리의 힘은 거기에 있다.

> 결국에 가서는 우리가 서로 얼마나 애틋하게 사랑했는지 그리고 서로 얼마나 정성스레 보살폈는지, 이것이 우리 세상과 인간의 생존을 결정짓는 지점이 될 것이다.
> ─ 제임스 도티, 『닥터 도티의 삶을 바꾸는 마술가게』

가끔 초등학생이나 중고등학생들과 함께 단체로 다큐멘터리를 보고 '관객과의 대화'를 나눌 때가 있다. 1년 전이었다. 중학교 2학년, 3학년 학생들과 이틀에 걸쳐 〈마리안느와 마가렛〉이라는 영화를 보고 대화하는 시간을 가졌다. 영화는 소록도에서 43년간 봉사를 하고 떠난 오스트리아 수녀님들에 대한 이야기로, 내가 작가로 참여한 작품이었다. 처음 제안을 받았을 때 중2, 중3 각 200여 명이라는 얘기를 듣고 잠시 망설였다. 과연 그 학생들이 다큐멘터리를 볼까? 다 꾸벅꾸벅 조는 건 아닐까? 중2 특유의 냉소적인 삐딱함으로 난처한 질문을 하지는 않을까? 지인들에게 의견을 묻자 "도망쳐!"라고 답했다. 무슨 배짱으로 중학생들과 다큐멘터리를 보느냐고. 대한민국에서 가장 무서운 아이들이 '중2' 아니더냐고. 하지만 용기를 내어 이틀간 구산동도서관마을을 방문했다. 영화 상영 도중 슬며시 객석을 훑어보았다. 쓰러져 잠든 학생도 있었지만 대부분은 스크린에 눈을 고정하고 있었다. 영화가 끝나고 스태프 크레디트가 올라가자 박수가 터져나왔다. 결론만 얘기하자면, 질문은 진지했고 재치 넘쳤으며 감동적인 소감을 들려준 학생도 있었다. 돌아오는 길에 생각했다. 이래서 중학생이 무섭다는 거구나. 예측이 되지 않는 아이들. 안다고 생각하는 순간 전혀 다른 얼굴로 다가오는 아이들. 그렇다면 이 아이들에게 더 많은 다큐멘터리와 독립영화를 보여주고 싶다는 생각이 들었다. 아이들은 다양한 다큐멘터리를 접하면서 세상이 납작하지 않다는 것을 조금씩 알게 될 것이다. 영화라는 것이 소비하는 대상이 아니라 공감의 대상이며 의사소통의 도구라는 것을 깨치게 될 것이다.

『다큐하는 마음』을 쓰기로 마음먹은 것도 그런 생각의 연장선이었다. '영화라는 커다란 문을 열면 거기에 극영화도 있지만 다큐멘터리 영화라는 게 있어요. 다큐멘터리의 문을 열면 다소 주장이 강하고 직접적으로 설득하는 다큐멘터리가 있고, 일정한 거리를 두고 관찰하는 다큐멘터리가 있고, 동물과 자연이 나오는 다큐멘터리도 있고, 여행담이나 개인의 이야기를 담은 사적 다큐멘터리도 있고, 재연을 통해 완전히 재구성한 다큐멘터리도 있고, 참말로 다양해요'라고 알려주고 싶었다. 그들이 다루는 소재는 또 얼마나 다채로운지, 이주노동자, 시 쓰는 할머니, 장애를 가진 기타리스트, 지하 구조물에 담긴 역사, 4대강을 녹조라떼로 만들어버린 MB, 참사로 기억되는 용산의 죽음까지… 형식도 내용도 무궁무진하다. 그런 다큐멘터리를 1년 혹은 몇 년에 걸쳐 제작하는 사람들은 누굴까? 누가 어떤 마음으로 이런 이야기들을 세상에 내놓는 것일까? 외롭고 힘들고 긴 싸움이며 작업인데 말이다. 솔직히, 이 책을 통해 그 마음들을 독자들에게 들려줘 다큐멘터리의 관객이 되도록 유도하겠다는 나만의 숨은 셈도 있다. 알게 된 이들은 보게 될 것이다. 보게 된 이는 이해하게 될 것이다. 이해하게 된 이는 함께 울어주고 행동할 것이다.

다큐멘터리도 만들어지는 것

영화가 개봉되면 '관객과의 대화'라는 행사를 갖는다. 영화의 작업과정이나 편집본에 담지 못한 사건, 생생한 현장 이야기를 관객과 나누고 또 질문을 받는 시간이다. 감독이 단독으로 할 때도 있고 작가나 프로듀서가 함께 참석할 때도 있다.

그때, "저는 작가입니다"라고 소개를 하면 관객들의 눈빛이 흔들린다. 작가라니, 다큐멘터리는 만들어지지 않은 이야기인 '넌픽션'이 아닌가. 대체 저 작가는 무슨 일을 하는 사람일까…. 관객들은 궁금해하고 또 의심한다.

다큐멘터리라는 용어를 처음 사용한 존 그리어슨은 '다큐멘터리는 현실의 창조적 처리'라고 정의했다. 다큐멘터리를 제작할 때 그 '창조적 처리'를 위해 필요한 사람들이 있다. 이 역할을 감독이나 프로듀서가 하기도 하고 작가나 편집감독과 공동작업을 통해 만들어내기도 한다. 관객들로부터 "다큐멘터리에도 작가가 있나요?"라는 질문을 받으면, 나는 이렇게 되묻는다. "그렇다면 지금 당신이 본 다큐멘터리는 감독이 '있는 그대로'를 촬영해서 여러분에게 보여주고 있나요?" 물론 그렇지 않다는 것을 관객들은 안다. 누군가의 관점에 따라 촬영되고 편집, 재구성되었다는 것을 말이다. 해답의 실마리는 여기서 찾아진다. 그리고 그것을 이해하는 데서 '다큐멘터리'를 만드는 과정과 제작 스태프들의 역할도 생겨난다.

겨울산을 오를 때 갑자기 폭설이 내리면 선두는 길을 만들면서 가야 한다. 러셀 등반이라고 하는데, 푹푹 발이 빠지는 눈 속에서 방향을 가늠하고 새로운 길을 만드는 일이다. 다큐멘터리가 꼭 그렇다. 단 한 번도 같은 길이 없다. 한 가지 이야기를 가지고 100명의 감독이 다큐멘터리를 만들면 100개의 다른 이야기가 나온다고 말할 정도다. 보는 시선이 다르고, 본 것을 다시 재구성하는 방식이 다르기 때문이다. 그 지난하고도 막막한 길에 감독만 있는 것은 아니다. 많은 사람이 다큐멘터리는 감독이 혼자 촬영하고 혼자 편집하고 혼자 음악 넣고 혼자 배급도 한다고 생각한다. 영화가 만들어지고 나면 대부분 감독에게 관심이 집중되기 때문이기도 하고, 열악한 예산 때문에 주로 일인시스템으로 활동하기 때문이기도 하다. 하지만 다큐멘터리는 공동의 작업이다. 다큐멘터리 영화가 끝나고 크레디트가 올라갈 때 유심히 본 관객들은 안다. 극영화와는 비교도 안 되게 적은 인원이 참여하지만, 꽤 다양한 스태프가 있다. 연출 외에도 프로듀서, 촬영, 편집, 작가 등이 있고, 음악, 사운드, 조명, 컴퓨터그래픽, 홍보마케팅 등의 스태프들이 함께한다.

이 책에서는 그중에서도 아홉 개의 분야를 택했다. 전문가의 시선으로 다소 어려울 수 있는 다큐멘터리 읽기를 도와주고 새로운 해석을 가능하게 해주는 다큐멘터리 전문 비평가, 극장 배급이 시작되면 한 명에게라도 더 알리기 위해 애쓰는 홍보마케터, 수백 시간에 이르는 촬영본을 들고 컷과 씬을 구성하는 편집감독, 현장을 기록하는 촬영감독, 다큐멘터리가 더 넓은 세상으로 나갈 수 있도록 판을 깔아주는 다큐멘터리 영화제 스태프, 다큐멘터리를 비롯한 예술영화를 해외에서 들여오고 배급하는 수입배급자, 영화의 기획부터 배급까지 함께하는 프로듀서, 그리고 감독까지 총 아홉 개의 포지션에 서 있는 열 명의 이야기를 들어보았다. 다만 프로듀서나 편집감독, 혹은 감독의 역할과 겹치는 작가의 영역은 전체적인 글 속에서 자주 등장할 것이기에 별도의 인터뷰는 하지 않았다. 다큐멘터리의 제작과 배급 등 일련의 과정에 참여하는 인터뷰이들의 역할을 통해 한 편의 다큐멘터리가 어떻게 만들어지고, 또 다큐멘터리가 보여주는 사회 이슈에는 어떤 것들이 있는지 알아볼 수 있을 것이다.

> 나무 한 그루는 숲이 아니기에 그 지역만의 일정한 기후를 조성할 수 없고 비와 바람에 대책 없이 휘둘려야 한다. 하지만 함께하면 많은 나무가 모여 생태계를 형성할 수 있고 더위와 추위를 막으며 상당량의 물을 저장할 수 있고 습기를 유지할 수 있다. 그런 환경이 유지되어야 나무들이 안전하게, 오래오래 살 수 있다. 그런데 그러자면 (…) 공동체를 유지해야 한다.
>
> ─페터 볼레벤, 『나무수업』

벌새처럼 부단한 날갯짓으로 세상을 기록하는 다큐멘터리들이 있다. 기록된 이야기들은 기억될 것이다. 많은 이가 기억하는 한 역사는 다시 반복되지 않을 것이다. 그것이 바로 이 숲에서 함께 살아가는 우리들의 약속이고 희망이다. 나는 본다. 타인의 삶에서 눈길을 떼지 못하고 다큐멘터리를 제작하는 사람들을, 그리고 그들이 기록한 세상을 보고 함께 울어주는 사람들을. 이 '주고받음' 속에서 우리는 서로에게 가슴을 열게 될 것이다. 오로지 '나'만을 바라보는 것이 아니라 나를 넘어선 타자, 그리고 우리를 보게 되는 아름다운 경험. 그것이 다큐멘터리다.

오늘도 어두운 극장 한구석에서 지구 반대편의 누군가를 위해 소리 없이 울어줄 당신, 마음 따뜻한 당신들에게 '다큐하는 마음'을 건넨다. 그리고 이 기록들은 다큐멘터리와 함께 걸어가는 나의 다짐이기도 하다.

2020년 초가을
양희

차례

감병석, 프로듀서의 마음

"미팅도 잦고 갑자기 처리해야 할 업무도 많은 프로듀서에게
노트북은 애장품이라기보다는 필수품에 가깝죠.
저에겐 '휴대용 사무실'입니다."

영화는 한 사건의 안과 밖에서 벌어진 온도 차이에 집중한다. 누군가가 머리까지 차오르는 물로 인해 온몸으로 고통받을 때, 누군가는 책임을 회피하고 변명을 늘어놓으려 했다. 후자에겐 숨길 게 많을 수밖에 없다. 한 생존자는 "우리를 지켜주는 사람은 없었다, 단 한 명도"라고 말한다. 참사가 불러일으킨 국가적 트라우마가 엄연한 한, 세월호에 대한 기억은 되풀이해 말해져야 한다.

— 이용철 비평가, 2019 EBS 국제다큐영화제

2020년 제92회 아카데미 단편 다큐멘터리 부문 수상작 후보에 다섯 편의 작품이 올랐다. 〈부재의 기억〉은 유일한 한국 작품이자 미국 외 작품이었다. 수상의 기쁨은 누리지 못했지만(수상작은 〈전쟁터에서 스케이트보드 배우기Learning to Skateboard in a Warzone〉), 한국의 단편 다큐멘터리가 오스카의 레드카펫을 밟았다는 것만으로도 충분히 가치가 있었다. 더구나 '세월호'의 문제를 세계에 알리는 기회이기도 했다. 세상에서 가장 긴 29분이 지나고 엔딩 크레디트가 서서히 올라갔다. 이 크레디트에 '감병석'이라는 이름이 총 네 번 등장한다. 제작, 프로듀서, 자료 조사, 번역.

"농담으로 제가 그랬어요. '붐 마이크에도 내 이름 넣어줘야지.' 기획자이기도 하고 프로듀서이기도 하지만 현장에 가면 붐 마이크도 들고 운전도 하고 자료 조사도 하고 영어 번역도 합니다. 최

프로듀서의 마음

소한의 스태프로 현장이 운영되기 때문에 감독 역시 촬영도 하고 편집도 하고 그러죠."

〈부재의 기억〉은 한 통의 페이스북 메시지로 시작되었다. 2017년 초 미국의 '필드 오브 비전(Field of Vision)'이라는 미디어그룹에서 같이 작품을 해보지 않겠냐는 메시지를 보내온 것이다. 제안을 받은 이는 이승준 감독이었다. 그들이 제시한 기획은 '촛불정국'에 대한 다큐멘터리였다. 메세지를 받고 이승준 감독은 오랜 작업 파트너인 감병석 프로듀서에게 연락했다.

"2017년 말에 이승준 감독이 단편 제안을 해왔는데, 소재가 촛불정국이라고 했어요. 근데 촛불은 단편으로 만들기엔 너무 크다는 생각이 들었어요. 특히 국제 무대를 목표로 할 때는 접근을 좀 달리 해야 하거든요. 한국의 정치 상황을 모르고는 이해하기 어려운 지점이 많죠. 그때 세월호 생각이 났어요. 이승준 감독도 세월호 얘기는 언젠가 한번 해야지 하고 있었고, 저는 2016년 10월부터 이미 세월호 유가족들과 다큐멘터리 작업 얘기를 하고 있었어요. 기존의 작품들이 너무 '진실 찾기'에 몰두해 있으니까 좀 다른 걸 해보자는 생각이었죠. 방향성을 찾던 중인데 필드 오브 비전이 제작을 제안한 거죠. 그래서 촛불정국을 세월호로 이야기해보자고 했죠."

감병석,

프로듀서는 세월호 참사를 꼭 다루어야 한다고 믿었던 사람이고 이미 기획도 하고 있었어요. 저는 회피하는 입장이었고요. 저 역시 부모의 한 사람으로서 도저히 유가족들 앞에서 카메라 셔터를 누를 자신이 없었어요. (…) 프로듀서 입장은 강경했죠. 그와 이야기를 나눈 끝에 세월호를 다룬다면 이전의 다큐와는 달라야 한다고 생각했어요. 이제 그만하라고 하지만 '고통은 여전히 거기 있고, 그렇다면 고통이 어디서 시작됐는지 이야기해야 하지 않을까'라고 결론을 짓게 됐죠.

　　　　　　　　　　　　　　– 이승준 감독, 월간《방송작가》170호 인터뷰에서

하나의 작품이 시작되는 순간이었다. 그렇게 프로듀서와 감독은 자신들이 가야 할 목적지를 정한다. 목적지를 정했다는 것은 '가야 할 이유'가 분명해졌다는 것이다. 그때부터 그 둘은 같은 곳을 함께 바라본다. 그것이 프로듀서와 감독의 사랑이다. 목적지를 정하고 나면 거기까지 어떻게 갈 것인지, 가면서 어떤 풍경과 사람을 만나게 될 것인지 예측하고 만나야 할 것들과 나눌 이야기를 계획하고 정한다. 〈부재의 기억〉의 경우 먼저 제작을 제안한 쪽은 필드 오브 비전이었다. 촛불정국을 다루고 싶다는 그들에게, 세월호를 설득하는 것이 프로듀서의 첫 미션이었다.

"회의는 주로 스카이프로 했어요. '촛불을 들고 시민들이 거리로 나온 데는 세월호가 있다. 고통에 대해, 국가의 부재에 대해 이야기하자'고 했죠. 그랬더니 좋다고 하더라고요. 그러면서 첫 지원금으로 3만 5,000달러를 보내줬어요. 그 이후에는 KCA(한국방송통신전파진흥원)에서 지원을 받고 해서 진행했어요. 그때 제작사 쪽에서 먼저 오스카 얘기를 했어요. 전체 길이를 무조건 30분 이내로 맞추라고 해서, 왜 그러냐 했더니 오스카 때문이라고 하더라고요. 그땐 오스카가 웬 말인가 싶어서 별 의미 없이 들었죠. 그때부터 배 올라올 때도 찍고, 유가족과 잠수사들 인터뷰하고, 세월호 416기록단과 유가족협의회 등에서 녹취록과 그간의 촬영 소스를 받아 1년쯤 걸려서 촬영을 마쳤고요. 2018년은 편집을 했어요. 러프컷으로 약 100분 분량으로 만들어서 미국으로 보냈는데 그쪽에서 전문 편집인이 수정본을 다시 보내왔어요. 그렇게 주고받으면서 최종 30분으로 만들었어요."

인터넷에 공개된 〈부재의 기억〉은 아무 때나 눌러서 볼 수 있다. 그렇지만 누구도 '아무 때나 눌러서' 보지는 못할 것이다. 2014년을 통과해온 한국 사람이라면 매년 4월이면 앓게 되는 병이 있고, 흘리게 되는 눈물이 있다. 마치 총량의 법칙처럼 해마다 같은 아픔을 느끼고 꼭 그만큼의 눈물을 흘리게 된다. 이 눈물은, 우리는 여전히 애도 중이고, 우리에겐 아직 밝혀야 할 진실이 있고, 그러므로 우리는 충분히 애도하지 못했다는 의미다. 적어도 세월호 유가족들에게 '이제 그만하라'고 하는 사람이 아닌 우리에겐 그렇다. 그런 의미에서 나 역시 〈부재의 기억〉을 아무 때나 눌러서 볼 수가 없었다.

가족이 모두 잠든 밤, 이어폰을 끼고 어두운 작업실에 앉아 그 배를 바라본다. 살아 있던 아이들의 목소리를 지나, 선장의 탈출과 무능력한 구조를 그저 바라보다 보면 어느새 잠수사들의 떨리는 목소리가 들린다. 그리고 이어지는 주인 잃은 신발들. 물속에 잠긴 세월호 안에, 어느 객실 안에, 한데 웅크려 있는 짝 잃은 신발들. 드디어 세상으로 건져올려진 세월호를 바라볼 때 우리는 '고통'이라는 추상명사를 구체적 사물로 바라보게 된다. 그게 우리의 감정이다.

"그런데 서양 사람들은 우리와는 감정의 진폭이 좀 다른 것 같아요. 배가 들어올 때 유가족들이 우는 모습, 이런 걸 보기 힘들어했어요. 너무 강요하는 것 같다는 거죠. 슬픔에는 공감이 되지만 우는 모습에 문화적으로 이질감을 느낀다는 거예요. 오히려 관객들을 밀어낸다는 거죠. 그런 의견을 받아들여서 좀 많이 덜어냈죠. 그래서 좀 담담하게 됐어요. 개인적으로는 잠수사들이 작업할 때 기록된 신발 이미지들이 의미가 있었어요. 희생자들을 어떻게 표현할 것인가 고민을 많이 했는데, 저는 시신을 직접적으로 보여줘서는 안 된다, 대신 신발을 보여주자 그랬어요. 이보커티브 컷(Evocative Cut)이라고, 환기를 시켜주는 컷이죠. 이건 짧은 컷어웨이(Cutaway)가 아니라 길게 가야 한다, 최대한 써야 한다 생각했죠. 근데 미국 편집본은 컷으로 짧게 처리했더라고요. 그래서 의도를 이야기하고 수정했죠. 그런 식으로 의견을 주고받으면서 발전시켜갔어요. 희생자들을 바라보는 관점을 어디다 둘

것인가, 관음적이지 않은 시선으로 어떻게 죽음을 전달할 것인가, 어디까지가 보여줄 수 있는 한계냐, 그런 고민을 많이 했고, 아이들의 모습을 최소한 사용하는 걸로 했어요."

다큐를 어떻게 하지?

감병석은 1995년부터 2005년까지 MBC 프로덕션의 피디(연출)로 일했다. 대학에서는 사회학을 전공했다. '거리의 사제'로 불리는 도시빈민운동가 박문수 신부가 그의 스승이었다. 그는 도시빈민운동을 통해서 그동안 보지 못했던 세상을 봤다.

"그때 뉴스가 무섭단 생각을 했어요. 나는 매일 목격하는데, 뉴스엔 나오지 않는 일들이 많다는 것을 알았죠. 철거 현장에 폭력이 난무하고 사람들이 다치고 울고 그러는데 아무리 찾아봐도 TV 뉴스에 그런 얘기는 안 나와요. 이 세상에 분명히 있는데 없는 거죠. 그래서 다큐멘터리가 하고 싶었어요. 다큐멘터리라면 현장에서 내가 본 것을 그대로 담아 보여줄 수 있겠다고 생각했죠. 그래서 방송국에 취직을 해야겠다 생각했어요. 그때는 다큐멘터리 하면 방송국 다큐멘터리였거든요."

하지만 하고 싶다고 할 수 있는 환경이 아니었다. 방송사에서 다큐멘터리를 연출하려면 상당한 연차가 쌓여야 한다. 그가 한창 일할 때는 그 기간이 더 길었다. 하고 싶은 다큐멘터리 대신 〈아름다운 TV 얼굴〉, 〈강변가요제〉 같은 프로그램을 맡았다. 그렇게 7년 차쯤 되니 '실존'의 고민이 더 깊어졌다. 무엇보다 행복하지 않았다. 그게 가장 컸다. 더 이상 시간을 버릴 수 없단 생각에 혼자서라도 공부해야겠다고 마음먹었다. 영어를 잘한다는 소문이 나서 선배들이 해외 촬영 갈 때 자주 불려나갔다. 그러다 운명적인 책 한 권을 만난다.

"『다큐멘터리 스토리텔링Documentary Storytelling: Creative Nonfiction on Screen』이라는 책이었어요 다큐멘터리 영화에 대한 설명이 나오는데 이해가 안 되는 거예요. 거의 다 제가 못 본 작품이더라고요. 그래서 책에 나오는 다큐멘터리를 전부 사서 혼자 보면서 공부했죠. 한 100편쯤 봤나? 미국 아마존에서 월계관 붙은 다큐멘터리는 다 본 것 같아요. 그러다 9년 차 때, '해외사업부로 옮겨주세요' 했어요. 거기서 〈대장금〉 팔고 그러면서 해외마켓을 다녔는데, 그때 해외 다큐멘터리 브로슈어를 보고 공부하고 그랬어요."

감병석 프로듀서는 해외 영화제에서 피칭(Pitching, 투자유치와 공동 제작을 목적으로 제작사, 투자사, 바이어들을 상대로 기획 단계의 프로젝트를 공개하고 어필하는 일종의 투자설명회)을 통해 제작지원을 받거나 해외 마켓에서 막힘없이 바이어들을 상대할 수 있는 영어 능력자다. 외국에서 공부를 오래 했거나 교포일 거라는 소문이 돌 정도다. 그의 영어 실력은 어디서 비롯된 것일까.

"취직할 때 영어 점수가 있으면 좋을 것 같더라고요. 그래서 AFKN 듣고, 자막 가리고 영화 보면서 배웠어요. 연세어학당의 외국인 친구들과 얘기하고 그러면서 토익 점수가 빨리 올랐어요. 처음엔 680이었는데 세 번째에 980이 됐어요. 그때 공부한 것이 토대가 되었고 MBC에서 일할 때 해외 출장 다니면서 많이 늘었죠. 프로듀서는 영어를 잘하면 도움이 많이 돼요. 활동의 폭이 그만큼 넓어지죠. 후배들에게도 얘기해요. 유창할 필요까진 없지만 네가 하고 싶은 얘기를 정확한 단어로 전달할 수 있어야 한다고. 다큐멘터리니까 방향성과 내용과 주제를 어떻게 드러내 보여 줄 것인가에 대한 얘기를 해야 하는데 전달에 어려움이 있으면 힘들죠. 저 같은 경우 읽는 것은 되는데 고급 문장을 쓰는 건 조금 어려워서 공부를 계속하고 있어요."

10년 차 피디 생활을 접고 MBC에서 나왔다. 일단 생계를 유지해야 하니 방송 관련 해외 코디 일을 했다. 외국에서 촬영팀이 오면 섭외, 자료 조사, 운전, 통역을 했다. 영어도 영어지만 방송연출 경험이 있으니 현지 코디로서는 더할 나위 없는 인재였다. 함께 일해본 사람들이 추천해줘서 프랑스, 독일, 영국 등 각지에서 한국 촬영을 올 때면 그를 찾았다. 그렇게 3년쯤 지났을 때 운명처럼 프로듀서의 길로, 아니 다큐멘터리의 길로 쑥 들어서게 되었다.

"2007년 서울에서 열린 '국제공동제작 세미나'에 한국 대표로 참가했다가 BBC 출신의 하워드 리드 감독을 만났어요. 하루 쉬는 날, 둘이서 경복궁에 갔는데 한창 광화문 복원 작업 중이었어요. 그걸 보더니 '아, 이거 좋겠다' 그러더라구요. 그분이 자기와 친한 〈액트 오브 킬링〉의 총괄 프로듀서 안드레 싱어에게 그 이야기를 하고, 안드레 싱어가 찰스 왕세자 재단(Prince's Charities)에 전달하면서 〈걸작〉 시리즈 다섯 번째 편에 '한국의 광화문을 넣자!' 일이 그렇게 됐죠. 결국 제가 프로듀서로 들어갔고, 2010년에 영국에서 〈Masterpiece: The Arch of Enlightenment〉란 제목으로 방송했어요."

기회는 준비된 사람에게 찾아와 기적을 만들어낸다. 다큐멘터리를 만들고 싶다는 그의 꿈이 먼길을 돌아, 마침내 광화문에서 시작되었다. 그리고 2009년 싱가포르에서 열린 해외 피칭에 한국팀 통역으로 참가했다가 우연히 이승준 감독의 〈달팽이의 별〉을 만났다. 한눈에 알아봤다. '너무 좋다. 분명 좋은 작품이 될 것이다.'

"피칭 통역을 마치고 그 팀에 가서 얘기했어요. '나는 이 작품이 참 좋다. 이런 점이 강점이고, 전체 흐름은 이런 방향으로 잡으면 좋겠다.' 묻지도 않았는데 막 떠들었죠. 좋은 작품을 보니까 흥분

되잖아요. 그러고는 한국에 돌아왔는데 김민철 프로듀서가 작품을 같이 해보자고 하더라구요. 그때부터 이승준 감독이랑 인연이 돼서 〈부재의 기억〉, 〈크로싱 비욘드〉, 〈그림자꽃〉까지 쭉 같이 하고 있어요."

프로듀서의 숙명 그리고 강력한 무기

영화 프로듀서는 영화의 기획과 제작에 종사하는 사람이다. 영화 제작 과정에서 가장 큰 영향력을 가지고 전체를 관할한다. 주 업무는 총괄, 제작비 확보, 주요 스태프 고용, 그리고 배급자 섭외 등이다. 작은 회사나 독립영화의 경우, 프로듀서의 개념은 책임 프로듀서와도 같다.

— '영화 프로듀서'의 정의, Wikipedia

프로듀서가 하는 일은 많다. 영화를 제작할 수 있도록 제작비를 투자받거나 끌어오는 영화 외적인 것부터 영화의 본질인 기획과 개발까지 전부 프로듀서의 몫이다. 연출을 맡은 감독이 자신이 펼치고 싶은 이야기를 들고 프로듀서를 찾는 경우도 많다. 하여 연출자와의 조율, 협의, 협동을 통해 목적지까지 정확하게 갈 수 있도록 돕는 사람이기도 하다. 촬영, 작가, 편집 등 주요 인력을 세팅하고, 촬영본과 편집 내용을 검토하고, 영화가 완성되고 나면 적합한 배급자를 찾아 뚤

똘하게 계약하는 것까지도 프로듀서의 일이다. 영화의 시작부터 끝까지, 관객에게 무사히 도달할 수 있도록 모든 여정을 계획하고 수행하는 사람이라 할 수 있다.

"감독이든 프로듀서든 시작은 기획부터 출발합니다. 예를 들어, 인도 라다크에 아이스하키 선수들이 있다는 기사를 보고 영화로 만들면 좋겠다는 확신이 들면, 감독이나 프로듀서를 찾습니다. 팀을 짜는 거죠. 그런 다음 자비를 들여 현지에 가봅니다. 선수들을 만나 어떻게 연습하는지, 장비는 있는지, 주인공이 될 만한 사람이 있는지, 촬영에 동의하는지, 이야기 나누고 살펴봅니다. 촬영도 해보죠. 여기서 중요한 것은 그 이야기를 통해 내가 전달하고자 하는 것이 무엇이냐예요. 사랑을 얘기할 것인지, 스포츠 정신을 강조할 건지, 꿈과 희망을 말할 건지, 그걸 찾아야 해요. 이야기 너머의 진짜 이야기! 그리고 한국에 돌아와 최종 결정을 합니다. 할까? 하자! 결심이 서면 촬영한 것을 가지고 트레일러(예고편)를 만들어요. 그러면서 제작지원을 받을 수 있는 공모에 지원을 하죠. 한국에도 하고 외국 영화제에도 하고. 투자를 받을 수도 있겠죠. 그때부터 진짜 시작이에요."

다큐멘터리 작업은 기획안 작성에서 시작된다. 투자를 받든 지원을 받든 어떤 이야기인지 정리가 필요하다. 기획 의도와 연출 의도, 줄거리라 할 수 있는 트리트먼트, 주인공들의 캐릭터, 앞으로 전개될 이야기 등을 담아 기획안을 만든다.

방송의 경우 이 작업에 작가가 큰 역할을 한다. 만일 다큐멘터리 영화에 작가가 속해 있다면, 작가와 함께 그 작업이 이루어진다. 기획에 강한 프로듀서가 있을 수도 있고, 전체 진행에 강한 프로듀서, 피칭에 강한 프로듀서가 있을 수 있다. 만약 '키 스태프(Key Staff)'라 불리는 핵심 제작진이 프로듀서와 감독, 작가라면, 이 셋이서 기획하고 피칭을 준비하고 가장 잘맞는 촬영감독이나 편집감독을 찾아 팀에 합류시킨다. 촬영이 시작되면 현장에도 같이 가고, 프리뷰를 하면서 부족한 내용이나 캐릭터를 위해 확장할 부분이 있는지도 함께 고민한다. 다큐멘터리가 주인공의 인생을 담는 것은 맞지만, 그 인생 중에서도 정확히 어떤 부분, 어떤 시간을 담을지는 순전히 어떤 이야기를 끌고 갈 것인가에 달렸기 때문이다. 구체적인 이야기가 손에 잡히기 전까지는 그야말로 지리멸렬의 시간을 보내야 한다.

현장은 기획안대로 흘러가지 않는다. 기획은 예상일 뿐이다. 인생이 그렇듯, 다큐멘터리에도 복병이 있다. 조력자가 나타나는가 하면 훼방꾼도 있다. 영화를 엎을 거냐 말 거냐 고민하면서 꾸역꾸역 시간을 들여 촬영하다 보면 어느새 주인공의 인생에서 이야기가 쑤욱 비집고 나온다. 바로 이거로 구나, 깨달을 때가 온다. 이어지는 편집 작업에서도 협업이 이뤄진다. 무엇을 버리고 무엇을 더 넣을 것인가, 시간의 배열은 어떻게 할 것인가. 편집의 흐름을 작가가 원고 형식으로 쓰기도 한다. 회의에 회의를 거쳐서 시퀀스의 순서를 정하고 씬의

프로듀서의 마음

컷들도 골라낸다. 어느 부분에 음악을 넣을지, 자막을 넣을지
도 정한다.

"저는 사실 다큐멘터리에서 작가의 역할은 단순히 작가가 아니
라 프로듀서라고 생각해요. 다큐멘터리의 경우 작품에 들어가면
작가에게 기획, 아이템, 구성과 편집, 심지어 자막까지 다 맡기는
데 작품이 나오고 나면 공은 연출자에게만 돌아가죠. 그러니까
작가를 너무 소모적으로 바라보는 거예요. 프로듀서도 마찬가지
고요. 작품에 대한 크레디트를 연출자에게 주는 것은 맞지만, 제
대로 된 것은 아니죠. 거기엔 분명 착취가 있어요. 어떤 감독들은
자기 스태프들을 다 소비하면서도 툴툴거리거든요. 각자 역할에
대한 기대와 책임과 대가가 공평해야 하는데 연출자 중심으로 돌
아가죠. 이기적인 거예요. 다큐멘터리 쪽이 산업화가 아직 안 된
거예요. 모든 것이 연출자 중심인 게 문제죠."

씁쓸했다. 내가 본 쪽만 그러려니 했는데, 그가 본 쪽도
그렇다고 하니 힘이 쭉 빠졌다. '다큐판'에서조차 착취와 소
모가 사라질 수 없다면 우리는 왜 다큐멘터리를 만드는 것일
까? 이래서 어떻게 세상에 얼굴을 들 수 있을까? 슬프면서도
화가 났다. 물론 다큐멘터리를 만드는 이들이 성직자나 사회
사업가는 아니다. 하지만 적어도 정의를 이야기하고 인권을
외치는 사람들 아닌가. 그들의 현장에서만큼은 분배가 공정
해야 하고, 노동과 인권이 존중되어야 한다. 물론 공평하려 하

고 존중하려 하는 이들이 전혀 없는 것은 아니다. 있으나 많지 않고, 아직 다큐멘터리를 만드는 현장은 열악하다는 얘기다. 표준계약서가 겨우 만들어지긴 했지만 얼마나 의미가 있을지는 모르겠다. 현장은 더욱 진취적으로 변해야 한다. 변하지 않으면 속이는 것이다.

"세계적으로 통용되는 얘기 중에 이런 말이 있어요. '프로듀서들은 작품이 나오고 나면 약간 소외되는 기분을 느끼는데 그것은 프로듀서의 숙명이다!' 그래서 기획력이 중요한 거예요. 기획을 하면 작품에 대한 지분이 있거든요. 프로듀서의 무기는 기획력이에요. 그다음으로 감독 못지않은 작품 해석력이 있어야 하고, 이승준 감독하고는 오래 작업을 해서 서로의 장단점을 알기 때문에 생산적인 이야기가 잘 나와요. 작품의 방향성에 대해 계속 이야기하죠. 사실 같이 작업하는 감독이 프로듀서의 크리에이티브를 얼마나 인정해주느냐가 굉장히 중요해요. 서로 신뢰가 쌓이면 니거다 내 거다 이런 생각이 안 들어요. 이승준 감독이 평소엔 말을 잘 못하는데, 술이 좀 들어가면 이런저런 얘기를 잘해요. 그걸 잘 들어주고 정리해서 '니가 하고 싶은 얘기가 이거지?' 하면 맞다고 해요. 결국 감독은 자기가 하고 싶은 말을 프로듀서를 통해 듣는 거예요. 그게 바로 프로듀서의 역할이죠."

감병석,

다큐멘터리 기획하기

나는 아침마다 형광펜을 들고 신문을 살펴본다. 종이 신문을 한장 한장 넘기며 작은 기사 하나도 놓치지 않으려고 노력한다. 정기적으로 주간지도 읽고 월간지에도 밑줄을 긋는다. 그러다 다큐멘터리로 만들고 싶은 이야기가 눈에 들어오면 기획서를 한번 써본다. 머릿속에, 마음속에 굴러다니던 것들은 글로 옮겼을 때 비로소 일정한 몸을 갖춘다. 기획서에는 기획 의도와 연출 의도, 내가 이 스토리를 통해서 하고자 하는 이야기, 주인공이나 장소, 소재에 대한 소개 등이 기본으로 들어가야 한다. 충분하지 않더라도 틀을 갖춰 써보고, 다시 굴린다. 기획서를 나로부터 분리한 다음 남의 기획안처럼 바라보는 거다. 그러면서 빈틈을 채우고, 보태고 싶은 이야기들을 추가한다. 여러 사람에게 말로 다시 설명해보는 것도 좋다. 한 줄로도 해보고 한 페이지로도 해본다. 말을 듣는 상대의 표정이나 반응을 보면 기획이 잘 되고 있는지 대충 알 수 있다. 그렇게 완성된 기획안은 누군가에게 보내져야 한다.

"해외 영화제나 제작사에서는 이메일로 기획안을 받아요. 우리나라는 기획안보다는 좀 더 진행된 걸 원하죠. 적어도 감독이나 주인공 정도는 있고 주제를 잡아서 피칭할 준비가 어느 정도 돼 있어야 해요. 외국에 보내는 기획안은 내용만 확실하면 한 장짜리도 괜찮아요. 다만 무엇을 찍을 건지, 그걸로 무슨 얘기를 할 건지 명확해야 해요. 그냥 찍으면 되겠지, 이러면 안 되죠. 요즘 엔 코로나 관련한 것만도 수천 편이래요. 영화는 아이디어가 신선하지 않으면 시작 자체가 안 되는 거예요."

다큐멘터리 기획안은 작품에 대해 쓰는 최초의 글이다. 이 작품이 어떤 기획 의도를 가지고 어떤 연출적 특징과 이야 기를 담아 무슨 주제를 전달하려 한다는 계획을 쓰는 것이다. 그런데 다큐멘터리는 픽션이 아니다. 꾸며낸 이야기가 아닌 데 대체 기획안에 무엇을 쓸까. 다큐멘터리의 생명은 질문이 며 주제다. 누군가의 실제 인생이나 특정 사건을 통해 세상에 질문을 던진다. 그래서 역으로 질문이 필요하다. '나의 질문은 옳은 것인가? 나의 질문은 세상에 필요한 것인가?' 주제를 전 달하기 위해 효과적인 이야기를 찾아내고 있는가도 중요한 부 분이다. 독선이나 치우친 시선 등이 개입해서는 곤란하기 때 문이다. 이때 감독에게 필요한 조력자가 바로 프로듀서이다.

"경험이 쌓여야 해요. 아무리 개인적인 기량이 뛰어나도 경험을 이길 수는 없어요. 그런데 현장에서 후배 키우기가 쉽지 않아요. 해외 다큐멘터리 영화제에 가고 피칭도 해야 하니까 대부분 원하 는 게 영어예요. 여전히 연출자는 남성이 많고, 여성 프로듀서들 에게 기대하는 것은 언어적인 측면이 커요. 피칭을 해야 하니까. 말은 프로듀서지만 단순 통역자인 경우도 많아요. 프로듀서에게 창의적인 것을 기대하는 게 아니라 기능적인 것만 원하는 거죠.

사실 이 판은 아직도 남성 중심으로 짜여 있어요. 저는 여성 프로듀서의 역할이 중요하다고 봐요. 20세기까지는 남성들 위주로 돌아갔어요. 하지만 더 이상은 안 돼요. 이제는 남성 중심의 이야기로 가면 반복밖에 안 돼요. 여성은 남성의 대안적인 시선을 이미 가지고 있어요. 그것을 배우지 않으면 더 이상 새로움은 없는 거죠. 반복일 뿐이에요. 젠더의 문제를 떠나 그런 시선의 변화가 없으면 한국 다큐멘터리는 미래가 없다고 봐요."

영화 현장은 각각의 역할을 하는 스태프들로 구성된다. 극영화나 상업영화처럼 예산 규모가 비교적 큰 현장은 프로듀서 라인이 체계적으로 구축돼 있는 경우가 많다. 어소시에이트 프로듀서(Associate Producer, 자료 조사나 섭외 등 업무), 어시스턴스 프로듀서(Assistant Producer, 조연출 업무), 프로덕션 매니저(Production Manager, 돈 관리, 스태프 계약), 라인 프로듀서(Line Producer, 팀짜기, 카메라, 편집, 장비 등). 그런데 다큐멘터리 작업은 예산이 모자라기 때문에 (그나마 여건이 된다면) 라인 프로듀서나 어시스턴스 프로듀서 대신에 조감독을 둔다. 그러니 사람을 키우기도, 기회를 얻어 성장하기도 쉽지 않다. 만약 프로듀서가 목표라면 연출부든 촬영부든 현장 경험을 쌓는 것이 좋다. 작품 하나를 완성하기 위해 어떤 과정을 거치는지, 스태프들 각각의 역할은 무엇인지, 작품이 각 단계를 거칠 때마다 나는 무엇을 해야 하는지 정확하게 익혀야 한다. 그렇게 '일머리'가 생기면 어떤 위치에 있더라도 기본은 할 수 있다. 현장 전반을 이해한다면 다른 사람의 일까지 알게 되고, 눈앞에 닥친 일만이 아닌 그 다음을 생각하고 준비할 수 있다. 하지만 프로듀서의 역할 중 무엇보다 중요한 것은 작품이 존재해야 하는 이유를 정확히 찾아내는 것이다. 그눈 역시, 경험과 노력으로 만들어진다.

프로듀서의 마음은

"프로듀서는 무엇보다 자신을 믿어야 해요. 이게 쉬운 듯하면서 어려운데, 창작이라 그래요. 보이지 않는 거니까. 그다음에 감독을 믿어야 하고, 그런 사람하고 일해야 해요. 그러면 이거 내 거다, 알아줘라, 이런 생각이 안 들어요. 이것이 왜 내 작품인가를 세상보다 내가 더 먼저, 정확히 알고 있으면 돼요. 제가 작품에 대한 멘토링을 할 때 자주 하는 말이 있어요. 작품의 주제를 드러내는 것은 투명한 컵을 그리는 것과 같아요. 세상에 투명한 색은 없잖아요. 결국 주변 색을 어떻게 배치하고 입히느냐에 따라 투명한 것이 보이도록 하는 거죠. 사회적인 맥락, 개인적인 맥락을 그려내면 그 안에서 자연스럽게 사랑, 정의, 평화 등 눈에 보이지 않는 것들이 나타나죠. 그런데 자꾸 그릴 수 없는 것들을 그리려고 해요. 피칭을 할 때 심사위원들이 계속 질문하거든요. '너는 이 이야기를 통해서 무엇을 말하려고 하니?' '네가 가져온 이야기는 알겠는데 그 너머에 뭐가 있어?' 작품에 들어가면 감독이

그걸 찾도록 해주는 역할이 바로 작가이고 프로듀서라고 봐요."

어쩌면 프로듀서의 역할이야말로 투명한 컵일지 모른다. 분명히 존재하지만 보이지는 않는 자리. 작품의 처음부터 끝까지, 그 전체를 관통하며 바라보아야 비로소 드러나는 투명한 컵. 그것도 아는 사람 눈에만 아는 만큼 보이는 컵. 그러니 어지간한 내공이 아니고서는 그 자리를 오래도록 지켜내기가 쉽지 않을 것이다.

지난여름, 국내 다큐멘터리 창작자들의 커뮤니티 모임에서 감병석 프로듀서의 강연이 있었다. 그는 처음으로 프로듀서를 맡았던 작품 〈광화문〉의 작업 과정을 설명하면서 나무를 구하는 대목장의 이야기를 들려줬다. 대목장의 작업을 보면서 그가 깨우친 것은 프로듀서의 역할이었다. 나는 그가 왜 프로듀서의 역할을 이야기할 때, 또 프로듀서의 마음을 설명할 때 감독의 말을 오래 들어주는 사람이어야 한다고 강조했는지 그때 분명히 이해했다. 그가 말한 대로라면 프로듀서가 필요한 사람은 꼭 감독만이 아닐 거라는 생각이 들었다 .

광화문을 만드는 대목장은 금강송 나무를 구할 때 나무가 있는 산을 가는 게 아니라 건너편 산을 먼저 갑니다. 반대편에서 숲을 보고 내가 원하는 나무가 어디쯤에 있는지 보죠. 그런 다음 나무가 있는 산으로 갑니다. 많은 다큐멘터리 감독들이 다큐를 만들 때 산에서 나오지 않아요. 산에 갇혀 있죠. 하지만 건너편 산으로 가서 내 산을 바라봐야 해요. 그때 감독을 끌고 나와서 같이 건너편 산으로 가는 게 프로듀서입니다.

– 감병석, KDN(Korean Documentary Network) 다큐클래스 강의

감병석 프로듀서가 추천하는
내 인생의 다큐멘터리 영화

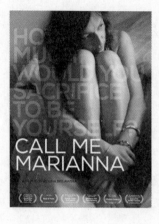

내 이름은 마리아나
(Call Me Marianna, 2015)

폴란드 출신 캐롤리나 비엘라우스카 감독의 첫 장편 다큐멘터리. 인간이 정체성과 자유를 찾기 위해 거치는 여정, 행복과 불행, 또 불행이 가져오는 새로운 희망 등을 이야기한다. 영화는 트랜스젠더에 대한 일반적인 담론에 그치지 않고, 인간의 존엄성과 성적 정체성을 선택할 자유 등으로 주제를 확장한다. 감독의 섬세한 시선과 연극적 장치를 활용한 독창성이 돋보이는 작품이다.

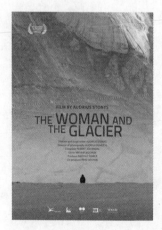

여인과 빙하
(The Woman and the Glacier, 2016)

리투아니아 감독 아우드리어스 스토니스의 작품. 카자흐스탄과 키르기스스탄, 중국 신장 지역의 접경지대에 있는 해발 3,500미터 천산(the Tian Shan)에서 30년 동안 혼자 살며 기후변화를 연구하는 오스라 레부타이테(Ausra Revutaite)와 그를 둘러싼 산과 빙하에 관한 이야기다. 러닝 타임 56분 동안 특별한 대화나 내레이션 없이 오직 영상만으로 여성 과학자의 삶과 거대한 침묵 너머 산과 빙하의 풍경을 담아낸 편집이 감동을 불러온다.

강유가람, 감독의 마음

"제작비가 없어서 고생할 때 친구한테 싸게 구매한 카메라예요.
〈우리는 매일매일〉을 찍을 때 든든한 버팀목이 되어준 소중한 존재입니다."

안타깝게도 세상은 공평하지 않다. 누군가에게 세상은 먼지 하나 날리지 않는 탄탄대로일지 모르지만, 어떤 이들에겐 싸워야만 겨우 살아낼 수 있는 곳이기도 하다. 불공평하고 불합리한 세상의 뒷골목, 그 어두움을 보는 이가 바로 다큐멘터리 감독이 아닐까? 관객과의 대화를 진행하거나 영화제에서 다큐멘터리 감독들을 만나 이야기하다 보면 그들에게 공통점이 있다는 것을 알게 된다. 바로 세상에 대한 관심과 애정이다. 그들은 대부분 평범한 외모에 누군가 먼저 말을 걸어주지 않으면 대화에 잘 끼지도 못하는 내향적인 성격을 지녔다. 산골 오지에서 촬영을 하든, 온종일 바닷가에서 갯벌을 뒤집든, 서울역 노숙자들과 함께하든, 원래 거기에 있었던 사람처럼 보이는 일종의 보호색을 가진 이들. 하지만 자신이 관심을 갖고 있는 분야, 이를테면 의료 사각지대에 있는 이주노동자나 세월호의 진실, 증발된 듯 사라진 수많은 실종자 혹은 아직도 남아 있는 지뢰, 트랜스젠더들의 인권 같은 주제가 나오면 눈을 반짝이기 시작한다. 한 주제를 몇 년씩 공부하고 추적하고 촬영하고 수집하다 보니 박사인가 싶으면 영락없는 형사이고, 활동가인가 싶으면 천상 예술가이기도 하다. 이 조용한 질문자들과 대화를 하면 몇 날 며칠을 새도 모자랄 만큼 수많은 이야기가 술술 나온다.

인터뷰를 핑계로 만나고 싶은 감독이 많았다. 작품을 통해 이 사회에 날카로운 질문을 끊임없이 던지는 감독들도 있고, 해외 유수의 영화제에서 놀라운 성적을 거둬 한국 다큐멘터리의 입지를 단단하게 해주는 감독들도 있다. 사실 그런 감독들일수록 이야기를 들을 기회는 많다. 다큐멘터리 제작에 있어 감독 한 사람에 대한 의존도가 유독 높기도 하고, 작품이 나오면 모든 문화적 성과가 감독에게 돌아가기 때문이기도 하다.

『다큐하는 마음』에서는 두 명의 감독을 만났다. 〈하늘색 심포니〉, 〈사이사 ─ 무지개의 기적〉 등 재일 조선인 학교를 통해 재일 조선인 교육과 인권, 통일에 대한 다큐멘터리를 만드는 재일동포 3세 박영이 감독과 〈시국페미〉, 〈자, 이제 댄스타임〉, 〈우리는 매일매일〉, 〈이태원〉 등 여성주의 시각으로 공간과 사람을 이야기해 온 강유가람 감독이다. 두 감독은 각각 '재일동포'와 '여성'이라는 주제를 놓지 않고 다큐멘터리를 만들어왔으며 앞으로도 같은 이야기를 하고 싶어한다. 무엇이 이들을 그토록 강렬하게 붙들었을까?

먼저 강유가람 감독의 이야기다.

그때 그 페미니스트 여러분, 모두 잘 살고 있습니까?
─〈우리는 매일매일〉 홍보 시놉시스에서

1979년생 강유가람 감독은 '영희야 놀자'에서 활동을 시작했다. '영희야 놀자'는 여성의 시선으로 세상을 바라보고 해석하며 영상을 통해 관객과 소통하고자 하는 여성들이 모여 만든 문화기획집단이다. '영희'는 집단 구성원 자체를 뜻하기도 하고, 보통의 여자들을 뜻하기도 한다. 2008년 〈왕자가 된 소녀들〉의 조감독으로 처음 제작에 참여한 강유가람 감독은 단편 〈모래〉를 시작으로 지금껏 여성주의 혹은 페미니즘 영화를 제작해왔다. 그렇다면 궁금증이 생긴다. 강유가람 감독 역시 '82년생 김지영' 씨처럼 가부장적인 집안에서 자랐던 걸까? 여동생을 화풀이 대상으로 삼던 오빠가 있는 건 아닐까? 하지만 오히려 정반대였다. 평탄한 가족이었고, 딸 둘인 집의 큰딸이어선지 '여자라서 못한다'는 얘기를 집에서는 들어본 적이 없다. 오히려 사회에 나와서 깨달은 것이 많았다. 집에서 당연하게 받았던 것들을 사회에서는 어렵게 쟁취해야 하는 것이 이상했고, 그동안 너무 '곱게' 살았던 것이 미안했으며, 무엇보다 여성들 간의 연대가 좋았다. 대학원에서 여성학을 공부했고, 다큐멘터리는 그다음에 시작한 일이었다.

"영화를 해보고 싶다는 생각은 고등학생 때부터 있었는데, 그냥 착한 딸로 살려고 성적에 맞춰서 대학 갔어요. 그때는 용기가 없었죠. 근데 이상하게 나이가 드니까 자꾸 생각이 났어요. 대학원 때 만난 선배들이 〈왕자가 된 소녀들〉이라는, 여성국극 다큐멘터리의 조연출을 해보라고 해서 영상미디어센터 '미디액트'를 다녔어요. 그때 다큐멘터리를 공부하게 됐죠. 현장에 참여하면서 본격적으로 공부도 하고 고민도 하고 그런 셈이죠. 어찌 보면 우연일 수도 있고, 꿈꾸던 일에 용기를 낸 것일 수도 있어요."

　　　　　　　　　　　　　　　　　　　　　　감독의 마음

세상의 절반임에도 여성들은 오랜 시간 소수자였다. 불평등과 차별의 대상이기도 했다. 과거형으로 적었지만 지금도 다르지 않다. 다만 미래에는 그러지 않기를 바라는 간절한 마음을 실어 과거형으로 적을 뿐이다. 소설을 영화화한 〈82년생 김지영〉을 보고 뜻밖에 많은 여성들이 '김지영'에 공감하지 못했단 증언을 들었다. 여성들조차 '더 힘든 사람도 많은데…'라고 할 수밖에 없었던 것은, 그들 스스로 사회나 가정에 대한 눈높이가 너무 낮기 때문이다. 여자니까 으레 참아야 하고 견뎌야 하고 버텨야 했던 사회에 너무 익숙해진 탓이다. 자신이 겪은 고통을 딸이나 며느리에게는 더 이상 물려주지 말아야겠다는 다짐보다는 여자의 숙명으로 순응해온 역사도 만만치 않다.

1982년, 이화여대에 처음으로 여성학이 생기고 많은 학자와 여성들은 성차별적인 현실을 분석하려 노력했고, 무엇이 여성을 억압하는지, 또 어떻게 하면 이 사회를 변화시킬 수 있을지 고민하고 분투해왔다. 책을 내고 모임을 갖고 연구를 하고 운동을 했다. 1990년대 중반부터 2000년대 초반까지도 소위 '영(Young)페미니스트'로 불리던 여성들이 활발하게 활동했다. 이제 그들은 각자의 생활공간에서 중년의 페미니스트로 살고 있을 것이다. 그때 그 뜨겁던 마음과 용기 가득했던 페미니스트들을 강유가람 감독은 〈우리는 매일매일〉이라는 다큐멘터리로 불러냈다. 영화가 호명한 1990년대의 페미니스트들은 그들이 배운 대로 실천하며 생활하고 있었다. 학생 때보다 다양해진 삶의 공간에서 다른 이들과 어우러져 살아가는 모습은 성숙 혹은 성장이라는 말과 닮아 있었다.

"제가 1990년대 말에 대학에 들어갔을 때 영페미니스트들에게 영향을 많이 받았어요. 영화를 보면 '오매'가 '나는 영페미의 팬이었지'라고 얘기하잖아요. 저도 당시에 페미니스트 활동을 하진 않았지만, 팬이었던 거예요. 그래서 일종의 팬심으로 이야기를 기록하고 싶었어요. 저도 영화 쪽에서 오래 작업해오면서 내가 페미니스트는 맞는 것 같은데 지금 잘하고 있는 건지 모르겠고, 이런저런 고민이 많았던 시기였거든요. 그래서 그 시기를 단순히 기록하는 데 머물지 않고 페미니스트로 살아가는 친구들의 일상의 고민을 담으면 어떨까 생각했고, 제 지인들을 찾아가는 방식으로 기획 의도를 바꿔 제작하게 되었습니다."

감독이 먼저인지 페미니스트가 먼저인지를 굳이 따진다면 그는 페미니스트로 성장해 감독이 된 셈이다. 영화를 좋아했고 직접 만들어보고도 싶었지만, 용기를 낸 것은 대학원을 졸업하고 나서였다. 감독이라는 꿈을 찾아가도록 도와준 것이 바로 페미니즘이었다. '여성'에 대해서, 그리고 이 사회가 여성들에게 가하는 불평등과 차별을 깨닫지 못했다면 용기를 내지 못했을 것이다. 어쩌면 아직도 자신이 원하지도 않는 일을 '착한 딸'이어야 한다는 강박에 묵묵히 해내고 있을지도 모른다. 여전히 많은 여성이 그렇게 살아가듯이 말이다.

감독의 마음

"요즘 들어, 왜 계속 여성의 이야기를 다루냐는 질문을 받을 때가 많아요. 근데 그런 질문을 하는 것 자체가 '내가 여자라서 그런가?' 하는 생각이 들어요. 남성 감독들에게는 그런 질문을 하지 않을 것 같거든요. 물론 제가 더 자신 있는 이야기니까 하고 싶은 거예요. 여자니까 더 잘 보이죠. 보다 보면 더 많이 보이고요. 저는 영화를 '영희야 놀자'라는 문화집단에서 시작했어요. 친한 페미니스트들과 작업하느라 영화계 내 성폭력에 대해 잘 모르고 있다가 어느 날 예술계, 영화계의 '미투' 물결 속에서 '나는 왜 안전했지?' 생각해보게 됐어요. 저는 그래도 가진 게 있었던 거죠. 〈우리는 매일매일〉이 그런 고민들 속에서 나왔어요. 여성에 대한 차별, 불평등이 해결되려면 갈 길이 멀다 생각하니까 답답한 마음이 있어요."

단언컨대 '여성이니까 이렇게 접근해야지' 하는 마음은 없다. 그건 감독이나 작가나 마찬가지다. 남성 감독들이 '나는 남자니까'라고 생각하며 주제에 접근하지 않듯이 여성 역시 마찬가지다. 하지만 잘 아는 이야기는 있다. 적어도 여성의 이야기는 여성이 잘 안다. 여성으로 살아보니 불편한 것, 억울한 것, 더 잘 보이는 것, 더 뼈저린 것…. 심지어 도시를 바라볼 때도 다른 시선이 될 수 있다. 어떤 것을 보는가는 옳고 그름을 따질 일이 아니다. 'how', 즉 어떻게 보느냐의 차이다. 이 세상에는 차이와 다름이 많다는 것을 알아갈수록 이해와 생각의 폭이 넓어진다. 우리가 각기 살아가는 삶이 천편일률적

감독의 마음

이지 않기 때문이다. 개개인이 가지는 고유성을 인정하고 이해해야만 함께 살아갈 수 있고 조금이라도 더 나은 세상이 될 수 있지 않을까.

제네바는 살아 숨쉬는 사람만큼이나 모순적이고 불가사의한 도시다. 이 도시의 신분증은 아마 이렇지 않을까. 국적: 중립, 성별: 여성, 나이:(신중함이 개입되는 항목이다) 실제 나이보다 젊어 보임, 혼인 여부: 별거, 직업: 옵서버, 신체적 특징: 근시로 인해 약간 구부정한 자세, 비고: 섹시하고 신비로움.

― 존 버거, 『여기, 우리가 만나는 곳』

도시는 그곳을 살아온, 그리고 살아가는 사람들을 닮는다. 오랜 세월을 함께해온 친구들이 서로의 미소를 닮아가듯 그것은 시간이 이루어낸 일이다. 낯선 도시에 처음 도착했을 때 그 도시와 친해지기 위해 우리는 무엇을 하는가? 노련한 여행자들은 먼저 시장을 찾고 골목길을 걸어본다. 그리고 작은 상점들을 찾아다니며 물건을 고르고 사람들을 만나고 밥을 먹고 친구를 만든다. 그곳에 담긴 시간을 빠르게 읽어내고 느끼기 위해서다. 감독들은 그런 면에서 공간과 사람을 눈여겨본다. 그리고 그 공간이 품고 있는 겹을 살펴본다. 표피에 머무르는 시선이 아니라 그 밑바닥, 숨겨진 것, 혹은 가볍게 여겨지는 것에까지 눈길을 준다. 그것이 감독의 몫이다. 그리고 질문을 놓치지 않는다. 타성에 젖어 바라보는 이 공간에는 어떤 이야기가 숨어 있고 왜곡되어 있는가. 강유가람 감독은 우리에게 '이태원'을 묻는다.

"이태원은 서울 속의 외국이고 힙스터들의 성지다." "십 대와 이십대들에게는 '이태원 클라쓰'이고 매력 넘치는 바와 카페의 거리이며, 여행객들에게는 홍대 다음으로 관심이 높은 핫플레이스다." 이태원이라는 단어를 포털사이트에서 검색했을 때 그 공간을 표현한 문장들이다. 그렇다면 이것이 전부일까? 우리가 바라보는 오늘날의 이태원에서 빠진 것, 소외된 것은 없을까? 물론 있다. 바로 미군부대와 재개발이다. 1953년 주한미군사령부가 용산기지로 이전하면서 용산에서는 미8군의 역사가, 인근의 이태원에서는 기지촌의 역사가 시작되었다. '창녀들의 언덕(Hooker Hill)'이라 불리는, 이태원 소방서 인근에 소위 '양키 바' 밀집 지역이 생겨나기 시작한 것도 1950년대 후반이었다. 그후 도심 재개발 바람이 불면서 이태원을 포함하는 용산은 '자고 나니 3,000만 원이 올랐다' 라고 비명을 지르는 '핫'한 동네가 되었다. 용산에서 철거민과 용산참사가 지워져버린 채 고층의 주상복합만이 남게 된 것처럼, 이태원에서도 밀려나고 버려지고 투명인간 취급당하는 사람들이 있다. 그들은 과거부터 지금까지 이태원에 살고 있다. 그들의 삶은 이태원이 가진 특성 때문에 바로 근처인 한남동이나 강 건너 논현동과는 다른 결을 가지고 있다.

"용산참사를 여성주의적으로 생각하면서 남일당에서 후커힐까지 걸어보는 워크숍에 참여한 적이 있어요. 그때 이태원을 다시 보게 되었어요. 생각보다 넓고, 가까운 곳에 부대와 기지촌이 있다는 것에 놀랐죠. 그후에 관심이 생겼어요. 친구가 그 지역 여성단체(용산 성산업 종사자 여성 지원)에서 활동했는데, 그 친구에게 '나키'라는 인물에 대해 듣고 관심을 가지다가 만나게 되었어요. 워낙 강렬한 이미지라 주기적으로 만나면서 나는 어떤 사람인지 알리고, 언니의 얘기를 듣고 싶다고 했죠. 일주일에 한 번씩 만나면서 조금씩 가까워지기 시작했어요. 그러다가 나키 님이 '이태원의 대통령'이라며 삼숙 님을 소개해줘서 만났죠. 영화 님도 마찬가지고요. 그 시간 속에서 영화가 만들어지기 시작했어요."

그렇게 세상에 나온 영화가 2019년 12월에 개봉한 〈이태원〉이다. 영화는 이태원에서 살아온 세 여성 삼숙, 나키, 영화의 삶을 담고 있고, 감독은 그들의 삶을 통해 이태원이라는 공간을 들여다보고 있다.

강유가람 감독은 2014년에 촬영을 시작해 일주일에 두세 번씩 카메라를 들고 이태원을 찾았다. 촬영 기간은 2년 반 정도 걸렸다. '삼숙'은 1975년부터 미군 전용 컨트리클럽 '그랜드 올 아프리(Grand Ole Opry)'를 운영하고 있다. 십대 때부터 생선 장사를 하며 가족을 부양했고, 미군과 결혼해 살다가 남편과 사별하고 지금은 혼자다. 싸울 때는 한 사람만 보고 싸운다는 전술로 유명한 '나키'는 1970년대 말 이태원에

들어와 미군을 상대하는 클럽에서 웨이트리스로 일을 시작했
다. 지금은 식당 설거지 등을 하며 생활하고 있다. '영화'는 클
럽에서 일하다 미군과 결혼했고, 미국으로 떠났다가 1년 만에
돌아왔다. 지금은 조카를 돌보며 남동생이 보내주는 부정기
적인 생활비로 살아간다.

> 나는 한국놈하고 장사는 안 해. 죽었다 깨어나도. 한국사람
> 장사는 여자들하곤 할 수 있어. 남자새끼들하곤 안 해. 재수
> 가 없어.
>
> — 〈이태원〉에서 삼숙의 말

> 그 클럽에서 일하면 한국사람 일절 못 온다. 그러니까 니 얼
> 굴 못 알아본다. 그래서 미군 클럽에서 일한 거야.
>
> — 〈이태원〉에서 나키의 말

> 내 신조가 뭐였는 줄 알아? 내가 화류계 생활은 했지만 미국
> 은 꼭 갔다 온다. 갔다 왔잖아. 할 건 다 해봤잖아. 한번 보고
> 싶었어. 미국이라는 나라는 어떻게 생겼나.
>
> — 〈이태원〉에서 영화의 말

거침없다. 속이 뻥 뚫리다 못해 시릴 이야기를 카메라
앞에서 털어놓는다. 어떻게 일반인들이 저렇게 카메라를 의
식하지 않지? 사실 휴먼 다큐멘터리의 성패는 두 가지에 달

려 있다. 첫째는 드라마틱한 삶을 살아가는 주인공을 만나는 것이다. 둘째는 주인공이 얼마나 자신의 삶을 영화 속에서 보여주느냐이다. 속마음을 이야기하고 자신의 인생을 들려주고 있는 그대로의 삶을 카메라에 담을 수 있도록 해줄 때만 가능한 일이다. 누구에게도 말하지 못했던 속얘기를 꺼내놓고, 누구에게도 보여주지 않았던 내밀한 인생을 기꺼이 카메라에 허락할 때 좋은 작품이 탄생할 수 있다. 그래서 휴먼 다큐멘터리를 제작할 때 가장 공을 들이는 부분이 바로 주인공과 가까워지는 것이다. 카메라가 있지만 없는 듯, 평소 살아가던 그대로 살아갈 수 있게 만들어줘야 한다. 그것은 온전히 감독 혹은 제작진의 몫이다. 영화 〈이태원〉은 세 명의 주인공 모두 카메라에 무장해제된 모습을 보여준다. 방바닥에 신문지를 깔고 밥을 먹고, 카메라가 있거나 말거나 낮잠을 자고, 친구에게 말하듯 욕이 섞인 대화를 거침없이 한다. 꾸밈도 감춤도 없다.

"세 주인공 모두 만만치 않은 분들이었어요. 거침없이 살아오신 분들이고, 연세도 많아서 무서울 것 없는 분들이거든요. 그러다 보니 카메라를 들이대기가 쉽지 않았어요. 허락을 받아야 하는데 자신이 없더라고요. 나키 님의 경우, 카메라 없이는 얘기를 아주 잘하시는데 촬영만 들어가면 '이건 안 된다' 그러셨어요. 그래서 제가 자주 찾아가서 뵙고 얘기도 많이 하고 그랬어요. 좀 가까워졌다고 생각됐을 때 어렵게 촬영 얘기를 다시 꺼냈어요. 시간이 좀 걸렸죠. 나키 님이 허락하고 촬영하면서 삼숙 님을 소개해 주셔서 그다음부턴 좀 수월하게 진행이 됐죠. 인물 다큐멘터리를 찍으려면 진짜 시간을 많이 들여야 해요. 〈이태원〉의 경우엔 영화 사무실을 삼숙 님 가게 앞 건물 지하로 옮겼어요. 자주자주 가야 하니까 그게 낫겠다 싶어서요. 거기 말고도 작업을 하는 동안 용산, 우사단길 언저리까지 합쳐 3년 정도 이태원에서 작업실을 꾸렸어요."

휴먼 다큐멘터리 제작 기간이 짧게는 1년에서 3년, 길게는 5년 이상 걸리는 이유 중 하나는 바로 인물과의 시간을 쌓기 위해서다. 감독이 주인공을 선정하고 주제로 접근할 때는 분명한 이유가 있다. 그 인물을 통해 세상에 던져야 할 메시지가 있는 것이다. 하지만 우리의 일상이 그렇듯 주인공의 일상도 평범하긴 마찬가지다. 물 흐르듯 흘러가는 날들 속에서 어느 날 문득 사건이 발생하고 그것이 이야기의 줄기가 되기까지는 시간이 걸린다. 흔히들 말하는 '내 인생을 책으로 쓰면 열 권이다!'라는 말은, 적어도 60, 70 인생을 살아왔기 때문에 가능한 일이다. 하지만 촬영은 그렇게 오래할 수 없다. 그래서 휴먼 다큐멘터리는 주인공의 일상을 하루 단위로 나누고, 다시 일주일 단위로 쪼개서 살펴본다. 24시간 그리고 7일이라는 두 축으로 종횡으로 살펴보는 것이다. 아침에 일어나서 잠들 때까지 무엇을 하는지, 또 월화수목금토일 각각의 요일에는 무엇을 하는지. 그렇게 해서 촬영할 날과 하지 않을

감독의 마음

날을 정하고, 하는 날은 무엇을 찍을지 계획을 세운다. 인생의 중요한 이벤트가 있다면 절대 놓치지 않는다. 하지만 대부분의 휴먼 다큐멘터리는 그들이 살아가는 '가장 보통의 날들' 속에서 이야기를 건져올린다. 그러기 위해서는 주인공을 자주 만나는 수밖에 없다.

480만 관객을 울린 진모영 감독의 〈님아, 그 강을 건너지 마오〉는 촬영 기간만 딱 16개월이었다. 영화를 위해 카메라가 돌아간 촬영 분량만 400시간. 노부부와 인터뷰를 하고 자료 조사를 하고 어떤 이야기를 할지 주제를 정하고 동선을 파악하고…. 그들을 알게 된 지 만 3년 만에 한 편의 영화가 나왔다. 영화 개봉 당시 진모영 감독은 이런 인터뷰를 했다. "굉장한 힘을 가지고 있는 부부인데 정말로 저럴까라는 생각을 나 역시 했다." 그래서 초반에는 가서 검증을 했다고 한다. 카메라 없이 불쑥 찾아가기도 하고 직접적으로 여쭤보기도 했는데 두 분의 사랑과 배려, 존중은 늘 한결같았다고 한다. 평상시에 한복을 입는 것까지 전부. "두 분은 끝날 때까지 촬영 16개월 동안 시종일관 변치 않았다"는 것이 진모영 감독의 고백이다.

하지만 대부분의 사람은 변한다. 변하기 때문에 조심스럽다. 특히 현재를 살아가고 있는 사람은 더더욱 그렇다. 영화 촬영 도중 변할 수도 있고, 영화가 완성되고 나서 바뀔 수도 있다. 그래서 인물이 주인공인 다큐멘터리에서는 오래, 지속적으로, 또 의심의 눈으로 상대를 바라볼 수밖에 없다. 그러다 보니 절대적으로 필요한 시간이 있다.

"칠십대 중반인 나키 님과 삼숙 님은 인생 자체가 현대사였어요. 특히 삼숙 님은 6.25를 겪으며 장녀라서 학교도 못 다니고 가장이 돼요. 어린 나이에 생선 장사도 하고 그러다 미군 달러를 벌면 돈을 모을 수 있겠다는 생각에 문산에서 미군 상대로 다방을 시작했다가 이태원까지 온 거예요. 돈의 흐름을 좀 본달까요? 쎈 언니고 멋진 언니예요. 인터뷰 들어보면 한국 남자를 싫어하는 것 같은데 다 이유가 있어요. 예를 들면 문산에서 바(Bar)를 했는데 한국 기자들이 와서 외상하고 그냥 가는 게 다반사였대요. 갚지도 않고. 그러다 보니 한국 남자들에 대한 불신이 많아요. 삼숙 님의 얘기는 진짜 책으로 열 권 나올 거예요. 근데 한 사람의 개인사만 다룰 수가 없어서 캐릭터를 주는 정도의 인터뷰만 짧게 넣었는데 그런 게 아쉬워요."

다큐멘터리해서 밥 먹고 삽니까?

고백하자면 먹고살기 어렵다. 시인이 시만 써서 먹고살기 힘들 듯이 다큐멘터리 감독도 그렇다. 강유가람 역시 문화예술교육이나 홍보물 제작 등 주 수입원은 따로 있다. 관객들도 안다. 스윽 둘러봐도 빈 좌석이 훨씬 많은 극장, 손가락으로 꼽을 만큼 적은 상영관, 게다가 가뭄에 콩 나듯 개봉되는 다큐멘터리. 어림짐작해도 감독이 이걸로 먹고살 수 없다는 답이 나온다. 그래서 많은 감독이 '알바'를 한다. 새 영화 작업을 준비해서 본격적인 촬영에 들어가기 직전까지 이전 영화의 '공동체 상영'이나 '경기 인디시네마' 같은 공적 상영을 통해 적게나마 수입을 얻는다. 생협이나 한살림, 여성모임, 환경단체, 시민모임, 도서관, 학교 등에서 공동체 상영을 제안하면 감독은 약간의 상영료를 받고 영화 상영 후 관객과의 대화를 갖기도 한다. 여기서 얻는 수입은 고정된 것도 아니고 넉넉한 편도 아니다. 한 번 상영하면 1, 2주 정도 생활비가 될 따름인데 상영회가 많은 것도 아니고, 이조차도 상영할 영화가 있는 감독에 국한된 이야기다.

알바를 해가며 새 영화 준비를 마쳤다면, 본격적인 제작에 들어가기 앞서 첫 관문을 반드시 통과해야 한다. 첫 관문은 제작비 확보. 각종 영화제나 영화 관련 부처에서 실시하는 '제작지원공모'에 지원을 하게 된다. 최근 많이 활성화된 방법 중 하나가 '피칭'이라는 공개 제작 발표다. 서류심사를 통과한 작품의 프로듀서와 감독이 심사위원 앞에서 기획 내용과 진행 상황 등을 발표하고 질문을 받는 자리다. 기획이 탄탄하고 준비가 잘된 작품이라면 약 500만 원에서 5,000만 원, 많게는 1억 원까지도 제작 지원금을 받을 수 있다.

"저 같은 경우엔 〈모래〉라는 작품으로 인디다큐페스티발의 '봄 프로젝트'에서 처음 피칭을 했어요. 그때는 제 가족 이야기를 발표하는 것이라 큰 부담은 없었어요. 그런데 그 뒤로 피칭이란 것이, 다른 이들에게 보여지는 것도 중요하고 공부도 많이 해야 한다는 걸 알게 되니까 부담이 많이 돼요. 약 7~10분 안에 발표를 끝내야 하거든요. 그래서 피칭은 얼마나 설득력이 있느냐가 관건이에요. 작품을 완성하지도 않았는데 매력적으로 보여야 하는 것이 제일 부담스러워요. 특히 다큐는 앞으로 촬영 상황이 어떻게 흘러갈지 확실하지 않은 경우도 있고. 촬영 초반일 때는 트레일러 만들기가 좀 어려웠던 거 같아요."

나를 찾아가는 질문 그리고 공부

말에는 힘이 있다. 그것이 수다든 강연이든 발표든 말을 하다 보면 생각이 정리되는 것을 느낀다. 한 번 할 때보다 두 번 하면 조금 더 달라진다. 말을 통해 마음속에 있던 것을 세상 밖으로 내놓으면 더 이상 자신만의 것이 아니다. 끝도 없는 안개 속을 걷는 듯한 기획의 단계에서 여러 번 정리하고 말을 하다 보면 '아, 내가 하려고 하는 말이 이거구나!' 싶은 때가 온다. 그래서 기획회의 때는 '이게 말인가 막걸리인가' 하면서도 종일 떠들게 된다. 그게 바로 창작의 시작이고 과정이다. 그 과정을 지나 피칭이라는 형식을 지닌 무대에 서게 되면 조금 더 성장한다. 준비도 잘해야 하거니와 심사하는 이들의 눈과 입을 통해 새로운 것을 보게 된다. 다큐멘터리만 성장하는 것이 아니라 그것을 만드는 이들도 함께 자란다.

"개인의 세계가 넓어지는 느낌이 좋아요. 더 많이 배울 수 있고 성장할 수 있고. 다큐 한 편을 만들 때 굉장히 많은 시간을 들이고 집약적으로 전달하려고 노력하잖아요. 그 세계를 알기 위해 노력을 많이 하는데 괴롭기도 하지만 저 스스로도 많이 확장되는 것이 좋아서 계속하게 되는 것 같아요. 작업을 할 때마다 윤리적인 문제에 대해 생각을 많이 하게 돼요. 타인의 삶을 촬영해 나의 이야기를 하는 거잖아요. 나의 시선이 들어가는 거고. 근데 그 시선이 올바른지, 이 촬영이 그분에게 무슨 도움이 되는지 고민이 돼요. 한 관객이 〈이태원〉을 보고 '감독은 명예를 얻게 되었는데 이분들은 무엇을 얻냐?'라고 질문을 했어요. 소수자의 삶을 다루니까 그분들에 대한 인식이 조금이라도 바뀌기를 바라는 믿음으로 만들기는 하지만 다큐를 만들 때 많이 살펴야 하는 부분인 거 같아요. 그래서 그분들께 그 뜻도 잘 전달하고 저에게도 다짐을 하고 그러고 있어요."

그렇다. 다큐멘터리는 먼저 만드는 사람들을 변화시킨다. 만드는 사람조차 진정으로 이해하고 공감하지 못한다면 그것은 실패다. 그 너머에 관객이 있기 때문이다. 새로운 작업을 시작할 때마다 깨닫는다. '나는 이 문제를, 이 사람들을, 이 역사를 알아야만 했던 거였구나' 하고 말이다. 아는 데서 끝나는 것이 아니라, 뼛속까지 공감하겠다는 마음으로 임해야

감독의 마음

감독의 마음

조금 열린다. 그래서 다큐멘터리는 만드는 사람이 먼저 변하고 성장하고, 그다음에 관객과 소통하며 들꽃 같던 사람들과 문제들을 세상으로 데리고 나오게 된다. 다큐멘터리 감독들은 그 일을 하라고 '낙점'받은 사람들인지도 모르겠다.

〈이태원〉 개봉을 마치고 새해가 밝자 강유가람 감독은 새로운 작업을 시작했다. 놀랍게도 극영화라 했다. 물론 그의 새로운 작업이 픽션이든 논픽션이든 그 형식이 중요한 건 아니다. 본래 그 둘은 하나였으니까. 아마도 감독은 자신이 가진 주제를 가장 잘 전달할 수 있는 방법으로 극영화를 선택했을 것이다. 내가 놀랐던 이유는 가보지 않은 길에 대한 '도전'이기 때문이다. 그 용기가 놀라웠다. 그리고 부러웠다.

"성소수자 커플이 아파트에서 겪게 되는 이야기예요. 동성 커플인지 모르고 이웃으로 살 때와 알게 되었을 때, 달라지잖아요. 혐오나 차별을 우리 사회가 어떻게 외면하고 있는지 극으로 풀어내고 싶었어요. 처음 해보는 일이라 겁이 나긴 해요. 제가 얘기를 만들어갈 때, 자꾸 이미지가 아니라 대화로 설명하려고 하더라고요. 저는 아직 고민을 많이 해야 해요. 기회가 된다면 이미지, 카메라에 대한 공부를 더 하고 싶어요. 영화를 전문적으로 공부한 게 아니기 때문에 스스로 부족함을 느끼거든요. 작업하면서 하나하나 채워가고 싶습니다."

끝까지 놓치고 싶지 않은 얘기가 있는 거죠

두 번째 만난 날, 헤어지면서 물었다. 무엇이 당신을 용감하게 하는지, 무엇이 당신에게 연대를 꿈꾸게 하는지. 강유가람 감독은 "끝까지 놓치고 싶지 않은 얘기가 있는 거죠"라면서 말문을 열었다. '미투나 성폭력이 사회에서 이중적인 잣대로 다루어지는 이유'를 파헤쳐보고 싶다는 것이었다. 앞에서는 양성평등을 외치지만 피해자의 전형성을 조금만 벗어나면 곧바로 지탄의 대상이 되는 사회적 아이러니를 들춰내보고 싶다고. 그가 하고자 하는 말은 분명했다. 다만 그 주제가 사회적 공감을 두루 얻고 변화를 끌어내기까지는 긴 시간이 걸릴 것이다. 하지만 괜찮다. 그는 용감하고, 함께하는 이들은 단단할 테니 말이다.

원고를 쓰던 2020년 5월 4일, 쌍용차 해고노동자들이 11년 만에 일터로 돌아갔다. 쉽지 않은 시간이었다. 너무 많은 희생자가 생겼고 상처가 깊었다. 그래도 그 오랜 시간 포기하지 않고 싸울 수 있었던 것은, 다시 그들의 자리로 돌아갈 수 있었던 것은 연대의 힘이었다. 그들이 홀로 들판에 서 있는 것이 아니라, 누군가 함께 울어주고 싸워준 덕분이었다. 문화예술계는 쌍용차 노조를 홀로 두지 않기 위해 작품을 멈추지 않았다. 다큐멘터리로는 〈저 달이 차기 전에〉(2009), 〈당신과 나의 전쟁〉(2010), 〈안녕 히어로〉(2016) 등으로 국민적인 관심과 이해를 얻어내고자 애썼다. "문학이 아무리 세속화하였다

하더라도 전통적으로 주류권력과 이데올로기에 저항하는 기능을 제일의 기능으로 삼는다"는 고 황현산 교수의 말처럼 영화 역시 그렇다.

인터뷰를 마치며 강유가람 감독에게 다큐하는 마음이 무엇인지 물었다.

"다큐멘터리는 계속해서 공부하고 생각하게 해요. '나는 배우지 않으면 변하기 어려운 사람'이라는 것을 알아서 그런지, 다큐멘터리를 만들면서 좀 더 좋은 사람이 돼야 한다는 생각을 많이 해요. 또 그게 동력이 되기도 하고요. 그게 제가 다큐멘터리를 계속하는 마음이에요."

강유가람 감독이 추천하는
내 인생의 다큐멘터리 영화

파산의 기술 記述 (2006)
이강현 감독의 작품으로, 고통이라는 감정을 새로운 방식으로 경험하게 한다. 파편화
된 이미지로 IMF 이후 금융자본주의의 가속화가 한국 사회에 어떤 상흔을 남겼는지 살
피고 있다. 출연자에 대한 공감보다는 사회구조 자체를 생각하게 하면서 계속해서 거
리두기를 하는 감독의 시선이 인상적이다.

아무도 꾸지 않은 꿈 (2012)
홍효은 감독은 여성 노동과 계급에 대한 절망과 희망을 놀라우리만치 담담하고 성찰적
으로 보여준다. 구미 공단에서 직접 일하며 감독 자신이 겪은 공단의 풍광을 때로는 내
부자의 시선으로 때로는 외부자의 시선으로 조망한다. 여성 공장노동자가 어떤 식으로
열악한 현실에 처하는지 그리고 그 열악함이 성산업과 어떻게 연결될 수밖에 없는지를
여실히 보여주는 작품이다.

박영이, 감독의 마음

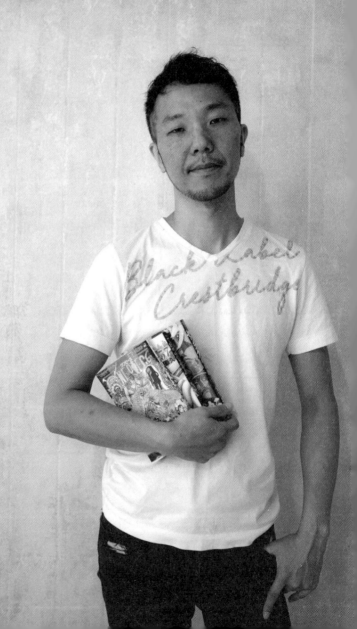

"어렸을 땐 소설 읽는 게 좀 어려웠어요. 그래서 만화책을 즐겨 봤죠.
그 시절 만화를 통해서 많은 걸 배웠기 때문에
지금도 소중히 간직하고 있습니다."

태어난 곳을 떠나 살아본 사람은 안다. 쉽게 알아들을 수 없는 이국의 언어 속에 섬처럼 앉아 '나는 누구인가'를 모국어로 물을 때, 손바닥을 펼쳐 잔잔한 손금을 바라보며 익숙한 골목길을 떠올릴 때, 가르쳐주지 않았는데도 저절로 알게 되는 뼈저린 외로움이 있다. 타향이란 실로 그런 곳이다. 설령 태어난 곳이 바로 그곳이라 할지라도, 또 외모가 비슷하다 할지라도, 이상하게 채워지지 않는 빈자리. 그리고 이어지는 질문. 어쩌면 그것이 바로 정체성이 아닐까.

내 경우엔 서른이 다 되어 미국살이를 시작했다. 남편도 있고 백일 된 아들도 있었지만 이상하게 주눅이 들었다. 낯선 사회시스템과 제도들, 규범과 예절, 그리고 그것들을 이해하고 나의 상황을 설명해야 하는 편치 않은 외국어. 사실 그때만큼 절실하게 글쓰기에 매달린 적이 없는 것 같다. 모국어는 나의 피신처이고 구원이었다. 타국의 언어로는 설명할 수 없는 세밀하고 섬세한 언어들을 찾아내 나는 나를 증명해야 했다. 시간이 지나 많은 것들이 익숙해지며 안정을 찾아가기 시작하자 한국과 미국의 장단점이 보이고 어떤 면에서는 그곳이 더 편하고 좋았다. 그렇다고 해서 그 사회 안의 내가 바뀌는 것은 아니었다. 나는 여전히 비주류, 동양인, 그리고 한국인이었다. 가장 위로가 됐던 일 중 하나는 주말이면 한글학교에서 아이들을 가르치는 것이었다. 아이들과 동시를 읽고, 받아쓰기를 하고, 진달래·솜사탕·고향 같은 낱말을 가르쳐줄 때, 나는 행복했다. 미국에서 태어나 자란 아이들 혹은 입양

온 아이들, 그리고 부모와 함께 이민을 오거나 몇 년 살기 위해 온 아이들. 아이들은 봄이면 화전을 부치고 여름이면 부채도 만들면서 재미나게 어울렸다. 아마 아이들은 한글이 절실해서라기보다 학교에 오면 한국인 친구들을 만날 수 있다는 즐거움이 컸을 것이다. 좀 더 자라서는 자신을 사랑하고 감싸줄 무언가가 있다는 생각에 든든하지 않았을까.

경계에 있는 사람들

"초등학생 때였는데 동네에서 일본 아이들이 저 보고 '냄새난다. 돌아가라' 이런 얘기를 가끔씩 했어요. '나는 일본에서 태어났는데도 조선사람이라는 것 때문에 이상하게 차별을 받는구나'라는 생각을 많이 했죠. 그때는 싸울 수 없던 시기라서 도망치거나 무시하거나 했습니다. 다행히 조선학교에 다니고 있어서, 학교가 하나의 해방구여서 괜찮았습니다. 중학생 때는 정체성 고민을 많이 했죠. '나는 왜 일본사람으로 태어나지 않았던가!' '일본에서 나고 자란 나는 조선인인가 일본인인가?' 이런 질문을 스스로에게 많이 했습니다."

이런 혼란 속에서 살아온 사람들이 적지 않다. 사실 살다 보면 경계를 명확히 나눌 수 없는 일들이 있다. 아니, 많다는 것을 깨닫게 된다. 옳고 그름조차도 둘로 정확히 나뉘지 않는다. 우유부단해서가 아니라 사람 살아가는 일이 두부 자르듯 뚝딱 자를 수 있는 일이 아니기 때문이다. 하물며 국적을 물을 때조차 딱 집어 답할 수 없는 사람들이 있다. 대한민국의 현대사에서 남과 북 그리고 일본에 걸쳐 있는 사람들. 경계에 있는 사람들이다. 2007년 김명준 감독의 영화 〈우리학교〉가 처음 국내에 소개되면서, 많은 사람들이 '조선적'이라는 국적을 가진 재일동포가 있다는 것을 알게 되었다. '조총련', '민단' 같은 단어들이 연상되면서 혼란스러웠을 연령대도 있을 것이고, 말 그대로를 받아들인 세대도 있을 것이다. '조선적'에 대한 설명은 현대사를 관통해야 할 만큼 경계와 경계들로 이루어져 있다.

1945년 해방 이후 일본에 거주하던 재일동포 가운데 대한민국이나 조선민주주의인민공화국의 국적을 보유하지 않았지만 일본에 귀화하지도 않은 이들에게 부여된 일본 외국인 등록제도상 편의상의 적(籍)이다. 따라서 일본 법률상 무국적으로 간주되어 일본에서 한국으로 들어오고 나갈 때 보통 3개월치의 여행증명서를 대한민국 정부로부터 발급받아야 하고, 일본에서 외국으로 나갈 때 일본 법무성에서 재입국허가서를 여권 대신 발급받아 사용한다.

—'조선적', 네이버 시사상식사전

'조선적' 혹은 '조선학교'를 편견 없이 바라보기 위해선

감독의 마음

먼저 몇 가지 이해해야 할 역사가 있다. 재일동포의 시작은 대한제국 때 일본으로 유학한 학생들이었다. 그후 일제강점기 때 돈을 벌기 위해 많은 이들이 일본으로 건너갔다. 경상도와 제주도 출신이 많았고, 그들이 정착한 곳은 주로 오사카 인근이었다. 전시 상황이 되자, 일본은 본토의 노동력을 충당하기 위해 한반도에서 조선인들을 모집해 데려갔다. 그 가운데는 취업알선 사기나 강제징용도 다수 포함돼 있었다. 해방이 되자, 일본에 체류하던 조선인들 대부분은 돌아갔지만 불안한 정치상황과 경제혼란으로 일본에 남은 이들도 많았다. 일본 정부는 1945년 선거법 개정으로 재일동포의 참정권을 박탈한 데 이어 1947년 5월 공포한 외국인등록령에 따라 재일동포들을 외국인으로 등록시키면서 편의상 '조선 사람'이라는 의미에서 '조선적'으로 표기하게 했다. 이는 남북한 정부 수립(1948년 8월 15일·9월 9일) 이전의 일로, 당시 재일동포들은 모두 조선적으로 등록됐다. 실제 국적이 아닌 외국인 등록상 기호였던 셈이다. 일본에 남은 조선인들은 고향으로 돌아갈 기회를 기다렸다. 그런데 신탁통치가 이어지다 전쟁이 터지고 하나였던 조선은 남과 북으로 갈라졌다.

　　이후 일본이 한국과 수교를 하면서 국적을 선택할 기회가 있었다. 이때 한국 국적을 취득한 사람도 있고 일본으로 귀화한 사람도 있지만 거부한 이들도 많았다. 당시 재일동포가 약 200만 명이었는데, 이 중 '조선적'을 유지한 사람이 30만 명에 달했다. '총련계' 동포들은 흔히 북한 국적자로 알려져 있지만, 이들의 국적은 북한이 아닌 '조선'이다. 그래서 이들을 '조선적' 동포라 부른다. 남북한이 갈라지기 전의 나라를 조국으로 여긴다는 신념의 표현이지만, 조선이라는 나라는 이미 없어졌으므로 사실상 무국적인 셈이다.

일본에 건너온 지 63년이 되었지만 한 번도 고향에 가지 못했습니다. 그것은 돌아가고 싶지 않은 것이 아니라 나의 몸은 분단된 38도 남과 북 양쪽에 형제가 살아 있고 육신이 살아 있어서 고향인 남쪽으로 가면 북조선으로 가지 못하고 북쪽으로 가면 남쪽으로 가지 못하고 그런 부조리한 현실에 진심으로 마음 아파하고 있습니다.

― 다큐멘터리 영화 〈정조문의 항아리〉에서 정조문 인터뷰

대한민국이 '조선적' 동포에게 문을 연 것은 1998년 김대중 정부가 들어서면서다. 그후 노무현 정부 때까지도 별 제한 없이 여행증명서를 발급받을 수 있었다. 하지만 이명박 정부 때인 2008년 7월 금강산 관광객 피격 사건과 2009년 4월 북한의 2차 핵실험과 장거리미사일 발사 이후 조선적 동포들의 입국 문호는 점차 좁아졌다. 그러다 2010년 천안함 사건이 발생하면서 그 문이 사실상 닫혔다. 박근혜 정부도 조선적을 포기하고 한국 국적을 취득하겠다고 약속하는 경우에 한해 매우 제한적으로 입국을 허락했다. 이 때문에 모국 방문이나 사업 목적으로 한국이나 일본 국적을 취득하는 이들이 늘

감독의 마음

었고, 한때 수십만 명을 헤아리던 조선적 보유자는 현재 3만 2,000명에 불과할 정도로 크게 줄어들었다.

북으로 수학여행을 간 학생들

"저는 재일동포 3세입니다. 아버지가 한국 국적이었기 때문에 저는 태어나면서부터 한국 국적이었습니다. 아버지 가족들은 모두 민단계였고, 아버지는 일본인학교를 다니셨습니다. 아버지는 성인이 되어 도쿄에 일하러 갔다가 우리말을 배우려고 조총련 모임에 나가게 되면서 어머니를 만났다고 합니다. 어머니는 조선적으로 조선학교를 다니신 분입니다. 외할아버지는 남북이 갈라지기 전의 조직인 조련(재일조선인연맹) 활동가였어요. 한국 국적과 조선적 두 분이 만나 결혼을 하신 거죠. 그런데 제가 다섯 살 때 두 분이 이혼을 하면서 저는 어머니랑 살게 됐습니다. 그러다 어머니가 일본인과 재혼을 하셨죠. 제가 학교에 갈 나이가 돼서 일본인 아버지께서 어떤 학교를 가고 싶냐 물으셨어요. 저는 당연히 조선말 배우는 '우리학교'에 가고 싶다고 했습니다(우리학교는 조선학교의 애칭이다). 일본인 아버지가 허락을 해주셨죠. 그래서 초급학교부터 조선대학교까지 나오게 됐습니다."

재일동포 3세 박영이 감독. 그의 설명을 듣는 내내 머릿속이 복잡했다. 한국 국적 아버지와 조선적 어머니, 그리고 일본인 새아버지까지. 그 사이에서 '조선학교'를 다녔고 지금은 남과 북을 오가며 영화를 찍는 영화감독이다. 경계와 경계 사이에 면이 새로 생긴 경우라고 해야 할까? 그는 오히려 남과 북을 자유롭게 오갈 수 있다. 한국 국적이기 때문에 남한은 자유롭게, 그리고 일본 영주권을 가진 해외거주자이기 때문에 북한은 입국 허가를 받으면 갈 수 있다. 그의 첫 장편영화 〈하늘색 심포니〉는 이바라기현의 조선고등학교 3학년 학생들이 수학여행을 가는 이야기다. 그들이 수학여행을 간 곳은 다름 아닌 북한, 그것도 보름간이었다.

"제일 큰 목적은 북한의 모습을 일본에 보여주고 싶다는 거였습니다. 일본에서 북한을 보여주는 시선이 너무 편파적이어서 언젠가 기회가 있으면 해야지 생각하고 있었습니다. 그러다가 2014년 개봉된 〈60만 번의 트라이〉를 봤는데, 감독이 한국인이라 북에 가지 못하는 장면이 있었습니다. 그것을 보고 '누군가 해야 한다면 내가 해야지' 생각했습니다. 2006년부터 가깝게 지냈던 이바라기현의 우리학교 아이들이 고3이 되면서 북으로 수학여행을 가게 되었어요. 그게 2014년이었는데요. 그걸 찍으면 되겠다 싶었죠. 제작비는 크라우드펀딩을 일본에서 했습니다. 약 6천만원 정도 모였습니다. 혼자서 촬영하고 제작하니까 그 정도면 되겠다 싶어서 시작을 했습니다. 실제 수학여행은 보름이었지만, 전후해서 학생들이 학교에서 생활하는 모습과 후반 작업까지 1년 정도 작업을 했습니다. 영화가 완성되고 일본에서

감독의 마음

박영이,

2016년 4월부터 도쿄와 오사카의 작은 영화관에서 개봉을 했는데요. 반 이상은 일본인 관객이었습니다."

한국에서는 2016년 DMZ 국제다큐멘터리영화제를 통해 처음 소개됐다. 북으로 수학여행을 간 학생들. 충격 그 자체였다. 우리말을 잘하는 청소년들이 북으로 수학여행을 가서 지하철을 타고 이발소를 경험하고 또 백두산에 올라 가슴 벅찬 함성을 지르는 모습을 보니 신선하다 못해 신기하기까지 했다. '통일이 돼서 우리 아이들이 북으로 수학여행을 가면 저런 느낌이겠구나' 싶었다. 특히 북의 안내원 누나들과 우리말로 농담을 주고받고 버스 안에서 북한 형님들과 함께 흥겹게 노래 부르는 모습을 볼 때는 가슴이 뭉클하다 못해 울컥 목이 메었다. 이 녀석들, 어디서 어떤 학교를 다녔기에 이다지도 우리말을 잘하는 걸까? 이 아이들이 다니는 학교가 바로 '우리학교'라 불리는 조선학교다. 해방 직후 조국으로 건너오지 못하고 일본에 남게 된 조선인 1세들은 조국의 말과 글을 지켜가기 위해, 또 '조선인으로서의 자존감'을 잊지 않기 위해 학교를 세우기 시작한다. 사비를 들여 의자와 책상을 사고, 버려진 공장에 터를 잡아 조선인들을 위한 '조선학교'를 일본 전역에 세웠다. 한때 540여 개에 달했던 조선학교는 일본 우익세력의 탄압 속에 60여 년이 지난 현재 60여 개 학교만 남아 있다. 하지만 남과 북이 나뉘기 전 하나였던 조국을 지키려는 마음은 여전하다.

"〈하늘색 심포니〉 상영이 끝나고 관객과의 대화를 하면, 조선학교에 대해서 너무 몰랐다며 자책하는 분들이 많았습니다. 일본에서는 북한의 현실에 대해 충격을 받은 관객들이 입소문을 내면서 관객이 많았습니다. 일본에서 남한보다 더 북한을 왜곡시키고 있거든요. 일본에서만 공동체 상영을 100군데 이상 했던 것 같습니다. 일본 대학생들이 울면서 조선학교 친구들을 더 알고 싶다고 말할 때 가장 보람이 컸습니다. 한국에서는 부산에서 상영할 때였는데요. '북에서 돈을 얼마나 받았냐'고 고함을 지른 사람도 있긴 했습니다. 근데 저는 돈을 안 받았거든요. 그래서 '어디서도 돈을 안 받았다'고 했습니다. 사실 이 영화는 북이 좋다 나쁘다, 이런 영화가 아닙니다. 그것보다 일본과 한국에서 하지 않는 얘기를 하는 게 중요했습니다. 분단이 지속되면서 갈등이 깊어지기 때문에 이 영화를 통해 서로를 이해하는 계기가 되고, 통일에 대해 생각해보는 계기가 되었으면 좋겠다는 것이 감독으로서 목표였습니다."

'통일은 반드시 해야 하는가'라는 질문에 우리나라 초중고 청소년 열 명 중 두 명만 필요하다는 대답을 했다고 한다. 정작 북한과 어깨를 나란히 하고 살면서도 북한에 대해서는 잘 알지 못한다. 사실 관심도 많지 않다. 남북정상회담이나 동계올림픽, 혹은 미사일 발사 같은 이슈가 있을 때만 북한에 대해서 잠시 생각하고 말 뿐이다. 아마 성적과 입시에 쫓겨 통일이나 북한에 대해 생각할 겨를이 없을 것이다. 이렇게 위안 삼고 싶을 만큼, 영화 속 조선학교 아이들은 달랐다. 쉽게 갈 수 없는 곳이라 그런지 '조국'에 대한 생각이 깊었다. 아이들에게 고향을 물으면 제주, 밀양, 부산…이라고 답했다. 맨 처음 일본으로 가게 된 그들의 할아버지 할머니의 고향을 그들은 자신들의 고향이라 부르고 있었다. 판문점에 서서 남한을 바라보며 아이들은 실감이 나지 않는 듯 입을 가리고 웃었다. 그리고 오래 바라보았다. 남한에 가봤냐고 감독이 물으니, 저기 저 너머가 남한이고 고향인데 아직 한 번도 가보지 못했다고 했다. 그럴 수밖에 없다. 영화가 만들어질 당시는 2014년, '조선적'으로는 한국에 오기 쉽지 않은 시절이었다. 이명박 정부가 들어서고 2008년부터 조선적 동포들에겐 사실상 문이 닫혔기 때문이다. 2017년 문재인 정권이 들어설 때까지도 그 입장은 변하지 않았다. 그러니 2014년 고3이었던 아이들은 북한에는 갈 수 있어도 남한에는 올 수 없었다. 영화를 개봉하고 남한에서 상영하면서 박영이 감독은 그 상황을 남한의 관객들에게 매번 설명해야 했다. 왜 올 수 없는지에 대해. 그리고 많은 이가 알지 못했고 몰랐다는 것을 미안해했다.

"니키타항에서 배를 타고 갔는데 27시간 지나고 이른 아침에 안개 속에서 원산항이 보였어요. 처음 밟아보는 고국땅인데 한 발로 내릴까? 눈을 감고 내릴까? 달에 인류가 처음 발을 딛는 그런 느낌이었죠. 첫 방문은 고2 때였습니다. 일본에서 자랐기 때문에 조국에 대한 그리움도 있지만 두려움도 있었죠. 40일간 많이 봤

감독의 마음

습니다. 예를 들어 생활용품의 차이 같은 것. 더운물이 잘 안 나온다든가, 패션이 촌스럽다든가, 밥이 맛이 없었습니다. 현실을 알게 되었다고나 할까요? 같이 간 친구들끼리 '이래도 조국이 좋으냐!! 너는 귀국할 수 있느냐!' 하는 토론을 많이 하게 되었습니다. 결론은 '우리가 조국이 더 좋아지도록 하자!'였습니다. 제가 남한에 처음 온 것은 2008년이었는데요, 그때가 일본에서 한류가 시작된 시점이라서 엄청 흥미가 있었습니다. 한류 때문에 꼭 한번 와보고 싶었습니다. 와서 보니까 모두 재미있고 좋았죠. 역시 말이 통한다는 것이 제일 좋았구요. 그 전까지만 해도 사실 저한테 남한은 북한보다 더 먼 존재였습니다."

남한이 멀고 북한이 더 가깝다? '아, 그런 거였구나' 깨달았다. 다큐멘터리를 보면서 내내 뭔가 어색하고 이상하다는 느낌을 받았다. 카메라를 향해 "안녕하십네까?"라고 밝게 인사하는 아이들은 북한 사투리를 쓰고 있다. 단어도 북한에서 사용하는 말을 주로 쓴다. 검은 치마에 흰 저고리도 그렇고, 머리에 큰 꽃을 달고 춤을 추는 여학생들과 일사분란하게 군무를 추는 남학생들의 모습도 어쩐지 〈남북의 창〉에서 본 듯한 모습이다. 그럴 수밖에 없는 이유가 있다. 우리 동포들이 세운 조선학교는 1949년 10월에 요시다 내각에 의해 폐쇄되고 만다. 이때 많은 학교들이 공립학교가 됐다. 일본학교가 된 것이다. 그 뒤 1950년대 중반 이후부터 민단과 조총련이 각각 학교를 재건하기 시작한다. 다시 문을 연 조선학교를 남한은 철저히 외면했지만, 북한에서는 1957년부터 장학금, 교과서, 조선의 민족무용, 기악악기 등을 보내주었다. 조선에만 있는 동식물도 보내주고, 북한으로 유학도 갈 수 있게 해주었다. 지금도 조선학교에서 사용하는 교과서는 조총련의 교과서편찬위원회에서 만드는데, 국어나 조선지리의 경우엔 조선학교 선생님들과 북의 교육자들이 공동작업을 한다.

"재일동포들에게 조국은 하나예요. 예를 들면 이런 것입니다. 일제강점기에는 조선땅에 살든 일본에 살든 우리 민족이 다 일본인이었어요. 식민지니까요. 그런데 해방이 되고 조선에 사는 사람들은 국적을 회복했단 말예요. 그런데 우리는 일본에 산다고 하루아침에 일본사람이 되라? 그럴 순 없잖아요. 그런 시간이 있었고, 그다음엔 전쟁이 나고 남북으로 나뉘었단 말이에요. 그때도 또 남북으로 나눌 수는 없었어요. 조국은 남북으로 나뉘는 게 아니에요. 근데 북에서는 지원을 해주고 교류도 하니까 가깝게 느낄 수밖에 없는 것이고요. 남한은 오가는 게 불가능했고 교류도 없었는데, 다행히 〈우리학교〉가 개봉되고 나서 남한에 '몽당연필'이라는 후원단체가 생겼어요. 응원해주고 관심 갖는 분들도 많아져서 조금씩 바뀌고 있는 중입니다. 머지않은 날 남한으로 수학여행 오는 모습도 보고 싶습니다. 쉽지 않겠지만 불가능하진 않겠지요?"

어려운 상황 속에서 우리 언어를 지켜가면서 우리 문화를 일

본 사회 속에서 지켜온 조선학교의 입장과 처지가 좀 몽당연 필과 비슷하지 않나 이런 생각도 해봤습니다. 이번 기회를 통해서 우리가 외면해왔던 조선학교에 대해서 좀 알렸으면 좋겠다는 생각으로, 몇몇 문화예술인들이 모여서, 또 그동안 오랫동안 조선학교들과 연관지어왔던 여러 단체들이 함께해서, 몽당연필이라고 하는, 정확한 명칭은 '일본 지진피해 조선학교와 함께하는 모임'입니다. 그래서 몽당연필이라는 이름으로 모임을 결성했습니다.

— '몽당연필' 공동대표 권해효, 2011년 〈시사쟈키〉 인터뷰에서

왜 버리지 않는 것이지? 왜 포기하지 않는 것이지?

〈하늘색 심포니〉를 보다 보면 깜짝 놀랄 사건이 나온다. 조선학교 아이들이 공격을 받는다. 극우단체 회원들이 일장기와 전범기를 흔들며 혐오 발언을 쏟아내고, "조센징은 일본에서 나가라!"라고 외친다. 일본의 우익단체인 재특회(재일 특권을 용납하지 않는 시민 모임) 회원들이다. 이들이 2009년 교토 조선학교를 습격한다. 그런데 이런 일이 처음이 아니다. 1990년대 중반에는 치마저고리를 입고 등교하던 여학생의 저고리가 칼로 베이는 사건이 있었지만 제대로 처벌되지 않았다. 2012년 출범한 아베 정부는 더 심한 정책을 폈다. 조선학교를 '고교 무상화' 대상에서 제외한 것이다. 2010년 도입된 고교 무

감독의 마음

상화 제도에 따라 외국인학교를 포함한 일본의 모든 고교생들은 수업료를 면제받거나 1인당 연간 12만 엔(118만 원)의 정부지원금을 받는다. 조선학교 학생들에게만 적용을 유보해오다가 2013년 초 공식적인 배제 결정을 내린 것이다. 그러자 일본 지방정부들도 조선학교 차별에 가세해 조선학교 유치원과 초·중학교에 지급하던 보조금을 일부 또는 전부 삭감했다. 2014년과 2018년 9월, 유엔인종차별철폐위원회가 조선학교 차별 정책에 대해 시정을 권고했지만 일본 정부는 아직까지 아무런 조처도 취하지 않고 있다. 조선학교와 학생들은 학교를 지키기 위해 필사적으로 노력하고 있지만 역부족이다. 고교 무상화 배제 통지를 받은 조선학교 열 곳 가운데 오사카·아이치·히로시마·도쿄의 조선학교가 일본 정부를 상대로 소송을 냈다가 1~2심에서 모두 패소했다. 이 이야기는 그의 두 번째 장편영화 〈사이사 — 무지개의 기적〉에 잘 소개돼 있다.

누군가는 이렇게 물을 것이다. 그 심한 차별 속에서도 왜 조선적, 조선학교를 버리지 않는 것이지?

"조금 오해하고 있는 부분이 있다고 생각하는데요. 재일동포들은 일본에 가고 싶어서 간 사람들이 아닙니다. 지금처럼 사업을 위해서 혹은 자기가 원하는 환경을 위해서 이민을 간 게 아니에요. 그 당시에는 식민지였기 때문에 조선에서 살든 일본에서 살든 일본사람이었어요. 그러다가 해방이 되자 다들 다시 조선인으로 되었잖아요. 그러니까 일본에 살아도 우리는 조선인이었던 거예요. 전쟁이 나고 남북으로 갈렸지만 그래도 우리는 조선, 하나 된 조국이란 말예요. 차별을 받는 사람이 나쁜 것, 잘못한 것 아니잖아요. 차별을 하는 사람이 정당하지 못한 것입니다. 그런데 차별을 피하기 위해서 국적을 포기한다는 건 인간의 삶이 아니라는 거죠. 나는 차별에 굴하지 않겠다라고 생각하는 사람들이 조선적을 지키고 있다고 생각합니다. 자기 정체성의 문제란 겁니다. 사실 조선인이라는 것을 숨기고 사는 사람들도 엄청 많아요. 그런데 일본이 굉장히 배타적이거든요. 그 사이에서 상처를 많이 받죠. 제가 보기엔 양쪽에 다 속하지 못해서 그게 더 힘들 거라고 봐요. 우리는 노골적인 차별을 받지만 당당하거든요."

차별을 받지만 당당하게 살겠다는 그의 목소리는 굉장히 단호했다. 인터뷰 내내 자기 주관과 생각이 참 뚜렷하다는 느낌을 받았다. 아마도 오랜 시간 차별 속에서 정체성을 지키기 위해 고민해온 결과란 생각이 들었다. 감독이란 자신이 하고자 하는 주제를 잃지 않고 밀고 나가는 사람이다. 그가 카메라를 들고 자신의 이야기를 펼치게 된 것은 어쩌면 당연한 일이란 생각이 들었다. 저렇게 할 말이 분명한데, 해야 할 이야기가 많은데, 어떻게 가만있을 수 있었겠는가.

"조총련의 동포 청년 모임을 하면서 영상을 알게 됐습니다. 행사에 참가한 동포들이 영상을 보고 '정말 재미있었다, 감동했다'고 말하는 걸 들으면서 '영상이 가지는 힘이 크다'는 걸 그때 처음으

감독의 마음

로 생각했죠. 그래서 그때부터 본격적으로 영상을 가지고 내가 무언가를 표현할 수 없을까 계속 생각했습니다. 저는 조선대학교를 졸업했고 스물다섯 살에 결혼을 했습니다. 그리고 서른에 영화학교를 다니기 시작했습니다. 영화전문학교였는데, 1년을 다녔죠. 〈걸치다〉라는 단편이 첫 작품입니다. 사실 그때 같이 영화 공부를 한 친구들이 마흔 명쯤 되는데 지금까지 영화를 하는 친구는 세 명밖에 안 됩니다. 저는 늦게 영화를 시작했기 때문에 생활이 안 되면 영화도 할 수 없다는 것을 알고 있었습니다. 그래서 이벤트 제작사를 운영하면서 영화학교를 다니기 시작했죠."

그는 뭔가를 아는 사람이었다. 생계를 유지하지 못하면 아무리 하고 싶은 영화라도 할 수 없다는 것을 일찍 깨쳤다. 이미 결혼을 한 상태에서 영화 공부를 시작했으니 영화와 가정 모두를 지키려면 생계를 이어나갈 방법이 있어야 한다는 것을 알았던 것이다. 그래서 이벤트 회사를 차렸다고 한다. 아내와 함께 운영한다는 이벤트 회사는 요코하마에 있다. 아내는 결혼식이나 이벤트에서 사회를 보고, 그와 직원들이 촬영도 하고 DVD도 만들어주면서 운영을 해나가고 있다. 잘되느냐 물으니 겨우 생활할 수 있는 수준이라고 한다. 그래도 그게 어딘가 싶다.

다큐멘터리는 시간의 공력으로 만들어지는 '작품'이다. 능력이 없어서 시간이 오래 걸리는 것이 아니라 사람의 일이기 때문이고, 누군가 지어낸 이야기가 아니기 때문이다. 그렇게 감독이 다큐멘터리에 시간과 공을 들이는 동안에도 가족은 살아가야 하기에 생계는 중요하다. 박영이 감독은 〈하늘색 심포니〉에 이어 2019년 〈사이사 — 무지개의 기적〉이라는 장편 다큐멘터리를 완성했다. 북한과 일본을 오가며 작업을 했기 때문에 집을 비우는 날도 많았다.

> "아이들이 아빠는 너무 하고 싶은 것만 한다고 불평하긴 하는데 하지 말라고는 안 합니다. 아들 둘인데, 조선학교 다니고 있습니다. 저는 아이들한테 이래라저래라 하지 않는 편인데, 딱 하나 조선학교 졸업하는 것은 약속을 했습니다. 아이들도 저처럼 조선학교를 다니고 있고 또 졸업할 것입니다."

> "아직 많이 모르지만 우리말은 조금 알고 있습니다."
> "무엇이 재밌어?"
> "공부가 재밌습니다. 실패는 하지만 재밌습니다."
> — 〈사이사 — 무지개의 기적〉에서 학생(초등1) 인터뷰

2019년 9월, 북에서는 평양국제영화축전이 열리고 있었고, 같은 시기 국내에서도 DMZ 국제다큐멘터리영화제가 개막됐다. 박영이 감독의 〈사이사 — 무지개의 기적〉은 그 두 영화제에 공동으로 출품돼 화제를 모았다. 이 작품은 17차 평양국제영화축전 심사위원회 특별상을 받았다. 그리고 DMZ 국제다큐멘터리영화제에서는 아시아발전재단이 후원하는 ADF

박영이,

감독의 마음

문화상을 받았다.

"2018년이 4·24 한신교육투쟁 70주년 되는 해였기 때문에 그에 맞춰서 제작을 시작했습니다. 1948년 일본 문부과학성의 '조선학교 폐쇄명령'에 재일동포들이 뭉쳐 일본 경찰·헌병대에 피 흘리며 맞섰던 사건이거든요. 제목의 '사이사'는 이 날짜를 우리말로 읽은 것입니다. 재일동포라면 누구나 아는 말이죠. 지금 조선학교를 둘러싼 일본 정부의 차별과 탄압은 제2의 4·24라 불리고 있습니다. 다른 그 어떤 것보다도 이 영화가 남북에서 같은 시기에 영화제에서 상영되었다는 것이 큰 의미가 있다고 생각을 합니다."

수년간 평양국제영화축전에 참가하며 누구보다 북한 영화계를 가까이에서 보아온 박감독은 그동안 느낀 점들을 진솔하게 털어놨다. 북한 영화계의 변화에 무엇보다 남북 교류가 가장 필요하다는 것이다. 북에 들어가는 외국인 촬영가나 감독들이 있지만 그들의 눈은 역시 외국인의 눈이다. "그 사람들이 넘어서지 못하는 벽이 있어요." 그 벽은 아마도 외국인으로서 북한을 바라보는 눈일 것이다. 하지만 우리는 다르다. 박영이 감독처럼 해외에 있는 감독들이나 한국에 있는 같은 민족인 우리가 할 수 있는 일이다. 그래서 그는 영화를 놓치지 않겠다고 한다.

"저는 무조건 재일동포 이야기죠. 평화와 통일에 대한 이야기를 하고 싶습니다. 남북이 갈등을 넘어가는 이야기를 하고 싶고, 그리고 또 하나 있다면 제 영화를 통해 사람들에게 웃음과 행복을 줄 수 있으면 좋겠습니다."

영화를 제작하면서 가장 힘들었던 때를 물었다.

"지금도 힘든데…. (웃음) 솔직히 매번 힘듭니다. 재정적으로 힘들어지면 이 일을 끝내지 못하게 되는 게 아닌가 하는 생각도 들고 그러기 때문에 고민은 늘 합니다. 그리고 혼자서 질문을 합니다. 너는 이 작품을 마칠 각오가 돼 있는가? 포기하지 않겠는가?"

나는 안다. 안다고 감히 말할 수 있다. 그는 절대로 포기하지 않을 것이다. 하지만 그 '포기하지 않음'은 함께하는 이들이 있을 때 가능하다. 그가 포기하지 않도록, 멈추지 않도록 우리는 그의 영화를 보아야 한다. 그가 하고자 하는 말에 귀를 기울여야 한다. 그리고 함께 웃고 또 울어주어야 한다. 다큐멘터리를 만드는 것이 그의 몫이라면, 우리의 몫은 바로 그것일 것이다.

재일동포들 힘내세요. 내가 전 재산 털어서 다달이 후원할 테니 그리 알고 열심히 공부해서 훌륭한 사람이 되세요. 이 나라 남북통일이 돼서 평화의 길이 탁 열릴 때까지 내가 이것은 놓을 수가 없어. 여러분들의 협조가 필요해. 여러분들의 협조가 많이 필요하다고. 후원금 많이 좀 보태주세요. 우리 조선학교 학생들 한 사람이라도 한 사람이라도 훌륭한 이름을 날리도록 끝까지 협조해주시기를 부탁드립니다. 너희들에게도 고국이 있다는 것을 잊지 말아라.

– 고 김복동 할머니 유언 중, 〈한겨레TV〉(2018. 11. 21)

박영이 감독이 추천하는
내 인생의 다큐멘터리 영화

헤로니모 (2019)
전후석 감독 작품. 다큐멘터리의 가장 큰 매력 중 하나는 우리가 몰랐던 것을 알려주는 데 있다. 쿠바에 사는 우리 동포들의 이야기는 역시나 해외 동포인 나에게 무척 신선하게 다가왔다. '발견'이 많은 영화다.

천황의 군대는 진군한다
(ゆきゆき 神軍, 1987)
일본 감독 하라 카즈오의 영화로, 대자본으로 제작한 어떤 극영화보다도 전쟁의 속성을 리얼하게 보여준다. 전쟁 가해자의 범죄가 매몰되어가는 메커니즘을 직접적으로 보여주는 작품이다.

김형남, 편집감독의 마음

"태블릿은 편집회의를 하거나 편집 아이디어와 구성을 정리할 때,
또 영화 프리뷰를 할 때 없어서는 안 될 소중한 친구입니다."

기적이 아니고서는 도무지 설명할 길이 없는 일이 있다. 내게는 영화 〈노무현입니다〉가 그랬다. 기획부터 상영까지, 그 모든 과정이 기적이 아니고서는 가능할 수 없는 불가능의 연속이었다.

2016년 이른봄, 이창재 감독은 같이 작업할 영화가 있다며 조심스럽게 '노무현'이라는 이름을 말했다. 2008년부터 시작된 '이명박근혜 정부' 시기의 암울한 영화계, 특히 독립영화계는 블랙리스트의 그늘 아래 숨도 쉬지 못할 만큼 어렵고 답답하던 시절이었다. 그런 엄중한 시절에 노무현이라니. 돈키호테 같은 그 제안을 받고 벚꽃이 피는 이른 봄날 세 사람이 모였다. 제작자인 최낙용 프로듀서와 이창재 감독, 그리고 작가인 나. 그날 밤 결사는 이루어졌다. 우리의 암호명은 'N 프로젝트'였다. 목표한 시점까지는 시간이 많지 않았다. 뿌연 미세먼지 속에서 우리는 영화의 콘셉트를 잡고 자료를 모으고 자금을 구하러 다녔다. 음모는 은밀했고 목표는 분명했다. 어디서부터 어떻게 시작해야 할지 몰랐지만 도시락 폭탄을 만드는 심정으로 영화를 준비하기 시작했다. 촬영은 오로지 인터뷰만 하기로 하고 나머지는 경선 자료를 재구성하기로 했다. 그렇다면 영화의 성패는 딱 두 가지에 달려 있었다. 하나는 2002년 경선 당시의 촬영본을 얼마나 구할 수 있는가. 나머지 하나는 편집이었다.

'N 프로젝트'에 합류하다

〈노무현입니다〉는 전적으로 편집에 의존해야 하는 영화였다.
자료와 편집과의 싸움. 무수히 많은 촬영 자료 중에서 꼭 필
요한 컷을 골라내줄 뚝심과 성실함이 있는 사람이어야 했다.
그리해서 이창재 감독과는 〈목숨〉에서 호흡을 맞춘 김형남
편집감독이 합류하게 되었다.

"예전에 감독님이 지나가는 말로 노무현에 대한 다큐를 만들고
싶다는 얘기를 했었거든요. 그땐 그저 생각이려니 했어요. 근데
같이 작업할 영화가 있으니 만나자고 하시더라고요. 첨엔 못한다
고 했어요. '노무현'이라서는 아니고 개인적인 문제였어요. 집안
에 일이 좀 있을 때라 집을 오래 비워두기도 어려웠고 작업에 온
전히 집중할 수 있는 시기도 아니었거든요. 그런데 고맙게도 아
내가 걱정 말고 시작하라고 응원을 해줬어요. 그런 적극적인 지
지가 아니었다면 시작할 엄두를 내지 못했을 거예요. 어렵게 시
작했는데 좋은 결과가 나와서 아내에게 두고두고 고맙죠."

'16부작 정치 드라마', '드라마보다 더 인기 높아'. 2002
년 처음 도입된 민주당 국민경선은 한 주 한 주 기록을 경신
하며 흥행가도를 달렸다고 기록돼 있었다. 노트를 펼치고 타
임라인을 그린 후 그래프를 그려보았다. 당내 세력도 지지층
도 없던 노무현 후보는 꼴찌에서 시작해 파란만장한 힘겨루

기 끝에 일등으로 최종 후보가 되었다. 경선에서 최종 후보로 뽑힌 것만으로도 기적이었다. 기사를 읽기만 해도 손에 땀이 나고 가슴이 뛰었다. 이견이 있을 리 없었다. 스토리라인으로 경선을 끌어오기로 하고 방송사의 촬영본을 찾았다. MBC 아카이브에서 대부분의 자료를 얻었다. 하지만 어떤 경선은 촬영본이 극히 적었고 사용이 불가능한 상태의 자료들도 있었다. 한정된 자료만을 가지고 영화를 만들어야 했다. 감독은 그 빈틈을 인터뷰로 메우겠다는 계획을 세웠다. 푸티지(Footage)라 불리는 아카이브의 촬영본과 노무현을 기억하는 이들의 인터뷰, 그 두 이야기를 씨줄과 날줄로 엮어 하나의 영화를 완성시켜나가기로 한 것이다. 전체 열여섯 번의 경선 중에서 스토리라인이 분명한 여섯 번의 경선을 골라내고 첫 편인 제주 경선의 콘셉트를 잡았다. 이어 편집 구성을 하고 첫 가편집본이 나왔다. 무수한 회의가 있었고 장면과 컷을 골라내는 작업을 거쳤지만 몸을 갖춘 편집본은 왠지 헐거웠다.

"편집회의를 할 때는 그 시퀀스가 가지는 느낌을 안다고 생각했는데 막상 자료를 붙여보니까 뭔가 부족하단 생각이 많이 들었어요. '어라, 이게 아닌데'란 생각이 들긴 했지만 딱히 어디가 문제인지를 모르겠더라고요. 감독님은 만족하지 못하고…. 회의를 하고 또 했던 것 같아요. 그러다가 제가 편집본에 음악을 한번 깔아봤어요. 현장 분위기를 살릴 수 있도록 경기장에 어울리는 음악을 찾아서 넣고 그 음악에 맞춰 편집을 했죠. 그런데 감독님이나

　　　　　　　　　　　　　　　편집감독의 마음

연출팀이 다 좋다고 하시더라고요. 그때부터 음악을 깔고 편집하기 시작했어요. 회의 중에 제주는 경기장의 스포츠 중계처럼 시작하자는 의견으로 콘셉트가 정해졌어요. 그래서 음악도 '쿵쿵쿵' 하는 것을 쓰고 각 후보자들이 하나하나 선수 같은 느낌이 들도록 편집을 했죠."

다큐멘터리 편집의 과정

우리의 작업 순서는 이렇다. 각 시퀀스마다 콘셉트 회의를 거쳐 그 내용을 바탕으로 구성안을 작성하고 그 구성안을 참고하여 편집감독이 편집을 해온다. 공허한 언어들 사이를 떠돌던 컷과 컷들이 편집감독의 손에서 생명을 얻는다. 그것이 바로 편집이다. 나는 그날을 분명히 기억한다. 그날은 이전의 편집과 조금, 아니 많이 달랐다. 사실 전체적인 흐름은 크게 변하지 않았지만 음악에 맞춰 컷에 리듬감이 생기고 감정이 생겨났다. 음악의 힘이라 볼 수도 있겠지만 그것은 분명 편집의 힘이었다. 시간이나 기호로 규정할 수 없는 편집이 가지는 어떤 규칙이 거기 있었다. 첫 번째 경선지였던 제주의 편집에서 막혀 옴짝달싹 못하고 혼란과 침체를 겪던 연출팀은 그 편집본으로 힘을 얻었다. 울산, 광주, 대전, 충남, 강원, 인천…, 우리는 한곳 한곳 점령해나갔다. 소름끼치도록 전율이 일었던 편집은 인천이었다. "그런 아내를 버려야 합니까?" 후보 노무현의 절규는 그의 운명을 말하고 있었다.

이런 아내를 제가 버려야 합니까? 그렇게 하면 대통령 자격이
있고, 이 아내를 그대로 사랑하면 대통령 자격이 없다는 것입
니까? 여러분, 이 자리에서 여러분께서 심판해주십시오. 여러
분이 그런 아내를 가지고 있는 사람은 대통령 자격이 없다고
판단하신다면 저 대통령 후보 그만두겠습니다. 여러분이 하
라고 하면 열심히 하겠습니다.

— 노무현, 〈노무현입니다〉에서

"〈노무현입니다〉를 편집할 때 좋았던 것은 씬을 이해할 수 있었
다는 점이었어요. 감독, 작가, 조감독 또 어떨 때는 프로듀서, 이
렇게 여럿이서 각각의 경선이 가지는 특징과 분위기를 정하는
회의가 큰 도움이 되었어요. 정확한 콘셉트와 설명이 있었으니
까요. 예를 들면, 인천에서는 노무현다운 정공법으로 난관을 뚫
고 나가는 모습을 보여주기로 했어요. 그러니까 '빨갱이의 딸'이
라는 아내에 대해서 노무현 후보는 '아내를 버리란 거냐?'며 맞
서고, 그다음으로 '조중동은 민주당 경선에서 손을 떼라!' 힘있게
말하는 모습을 넣었어요. 광주에서는 '노사모를 주축으로 하는
시민들의 축제로, 그 이전까지의 선거에서는 한 번도 볼 수 없었
던 시민들의 응원과 캠페인의 힘으로 노무현이라는 후보가 첫 승
을 거둔다, 승리의 감격을 주자!' 생각했죠. 이런 구체적인 콘셉
트들 덕분에 그 씬을 상상하고 구현할 수 있었던 것 같아요. 이때

의 경험을 바탕으로 지금도 작업할 때는 씬들의 정확한 콘셉트를 정하고 그 씬이 영화에서 어떤 역할을 하는지 이해하려 하고 있습니다."

〈노무현입니다〉 최고의 컷들

회의 또 회의. 회의적인 회의의 연속이었다. 그럴 수밖에 없었다. 우리는 너무나도 제한적인 자료만을 들고 영화를 완성해야 했기 때문이었다. 경선은 이미 14년 전에 끝난 이벤트였다. 감독의 시각으로 촬영할 수도 없고, 원하는 장면을 더 찍을 수도 없었다. '제한된 현실'이 다큐멘터리의 운명이라면 〈노무현입니다〉는 극한의 극한으로 제한된 현실이었다. 구성과 편집에 승부를 걸어야 했기에 우리의 작업은 그야말로 '면도칼 편집'이었다. 원하는 컷을 찾아 면도칼로 오려내듯 편집했다. 그때 우리는 '토할 것 같다'는 말을 가끔 주고받곤 했다. 푸티지를 너무 들여다보니까 멀미가 나서 토할 것 같았다. 내가 가장 좋았던 컷은 광주 경선에서 노무현 후보가 주먹을 불끈 쥐며 승리를 다짐하는 짧은 동작을 담은 컷이었다. '만년 꼴찌', '낙선 전문가', '촌놈'이라고밖엔 표현할 길이 없는 작은 체구의 그가 주먹을 쥐고 지지자들을 향해 활짝 웃음을 보였다. 1초도 되지 않는 짧은 프레시 컷이었다. 그런데 나는 그 컷에 사로잡혔다. 수많은 모래알 중에서 그 컷을 골라낸 편집감독의 노력과 밝은 눈에 감동하지 않을 수 없었다.

"그 컷 생각나요. 더 쓰고 싶었는데 그게 전부였어요. 저는 대통령 취임식에서 무개화차가 운구차량으로 바뀌는 장면이 제일 좋아요. 회의 때 여러 의견이 있었는데 취임식에서 장례식으로 바로 가자는 결론이 났었어요. 작가님이 '마치 손안에서 모래알이 빠져나가듯이 허무하게 표현하고 싶다'고 했거든요. 그 말을 들으니까 그 씬을 이해할 수 있겠더라구요. 그래서 자료를 보고 또 보다가 거기서 두 시간대를 이을 수 있는 컷을 찾아냈어요. 그래서 무개화차와 운구차량을 디졸브시켰지요. 제가 편집했지만 가장 맘에 드는 부분이었어요."

영화가 개봉되고 관객과의 대화를 할 때, 질문을 많이 받은 부분이 바로 그 장면이었다. 질문이라기보단 질타였고 탄식이었다. 독하다고, 어떻게 그런 결정을 했냐고, 왜 그랬냐고.

사실 나는 2002년 경선 당시에 한국에 없었다. 2000년부터 6년간 한국을 떠나 있었기에 노무현 대통령이 그런 경선을 거쳐 당선된 것을 몰랐다. 한국에 돌아와 불과 3년 만에 대통령을 떠나보내고도 몰랐다. 그런데 영화 작업을 하면서 알았다. 우리가 얼마나 힘들게 얻은 사람이었는가를, 그가 얼마나 힘들게 그 자리에 서게 되었는가를. 그러니까 우리는 그를 그렇게 쉽게 잃으면 안 되는 거였다. 그런데도 그를 잃었다. 그 처참한 마음을 가장 분명하고 아프게 알려주고 싶었다.

그래서 대통령의 임기 동안도, 봉화에서의 1년도 다 지웠다. 지나간 것들은 다 부질없으므로.

보이지 않는 아픔을 눈으로 보게 해준 것은 김형남 감독의 편집이었다. 수정을 하느라 수십 번도 더 보았지만 늘 그 부분에서는 주체할 수 없이 눈물이 났다. 축하하는 시민들 사이에서 손을 흔드는 그를 태운 무개화차가 검은 운구차로 바뀌며 노란 풍선이 꿈처럼 일렁일 때, 살아 있는 그의 얼굴이 아니라 초상화로 남은 얼굴을 대할 때, 여지없이 눈물이 났다. 그 눈물은 영화의 후반부를 이끌어가는 힘이 되었다. 봉화의 조문행렬과 흰 국화가 무덤 앞 작은 비석으로 바뀔 때 슬픔은 결심으로 바뀐다. 깨어 있는 시민이 되리라는 맹세가 된다. 그 응축된 힘은 편집에서 나왔다.

"〈노무현입니다〉를 하면서 제 한계를 뛰어넘은 것 같아요. 편집을 하다 보니 감독이 생각하는 것을 구현하는 건 기본이고 그 이상부터가 편집감독의 역량이란 생각이 들었어요. 기술적인 면도 그렇고, 작품을 전체적으로 보려고 하는 것도 그렇고, 많이 성장을 하게 된 작품이었죠. 흥행에 성공해서 제 입지도 좋아졌고요."

약 1년간 우리는 골방에 모여 몰래 회의를 하고 편집을 했다. 가족들도 몰랐다. 개봉을 목표로 영화를 만들면서도 만일 개봉을 할 수 없는 상황이면 인터넷에 올리고 도망이나 가자고 농담처럼 떠들곤 했다. 그런데 기적처럼 촛불집회가 일

　　　　　　　　　　　　　　편집감독의 마음

어났다. 편집을 마칠 시점엔 박근혜 대통령이 탄핵되었다. 자연스럽게 영화는 애도를 위해서 존재하게 되었다.

2017년 5월 25일, 전국 580개 스크린에 〈노무현입니다〉가 걸렸고, 10일 차이던 6월 3일에는 관객수 100만 221명을 돌파했다. 기적이었다. 소리내 울지 못했던 사람들이 극장에 모여 울었고 그리하여 그를 진정으로 보내줄 수 있게 되었다. 나에게도 눈물은 남아 있었다. 공납금을 내지 못해 뺨을 맞았다던 어린 그를 위해, 지역감정을 이용한 후보에게 패배하고 말았던 그를 위해, 깨어 있는 시민이 되어야 한다는 그를 위해, 그리고 그리운 그를 위해 나도 관객들과 함께 울었다. 영화는 총 6만 1,332회의 상영을 마치고 185만 5,515명의 관객수를 기록하고 막을 내렸다. 그리고 다시 극장에서 상영할 수 없게 되었다. 그 또한 그 영화의 운명이라고 생각한다.

"그 후로 편집 의뢰가 많이 오긴 해요. 좋은 일이긴 한데 아직 아쉬운 점도 있어요. 편집이라는 게 본래 수정이 많고 창작의 영역이다 보니 작업이 끝이 없잖아요. 작품이 잘 안 나오는데 주 52시간 일했다고 중간에 끝낼 수도 없고요. 약속된 작업기간이 이미 끝났지만 조금만 수정해달라고 하면 안 해줄 수도 없어요. 그런데 수정이라는 것이 그냥 컷 하나만 바꾼다고 끝나는 게 아니거든요. 뭔가 문제가 있는 부분이니까, 다시 생각하고 컷을 골라 붙여야 해서 충분한 시간이 필요해요. 그러나 그에 비해서 인건비가 아직까지는 현실적이지 못해요. 그게 개선이 쉽지 않은 것 같아요. 다행히 최근엔 편집감독들이 모여 편집감독조합을 만들려는 움직임이 있고 표준계약서도 만들고 있는 중이에요. 앞으로 근무조건이 좋아질 것이라 기대하고 있습니다."

끝도 없는 일

창작에 '조금'이나 '대충'은 없다. 짧은 글 하나 후딱 써달라고 하는 요청이 제일 난감하다. 짧은 글이라고 시간이 적게 든다고 누가 했는가! 시는 금방 쓰고 소설은 오래 쓰는 게 아닌 것처럼 편집도 그렇다. 그런데도 편집감독의 인건비에는 고려되지 않는 작업시간이 있다. 바로 보이지 않는 '조금만'이라는 시간이다. 다큐멘터리는 대상에 대한 애정과 이를 기록한 시간의 힘으로 완성되는 작품이다. 그러므로 편집의 소스는 길고 컷은 무궁하다. 그 모래알 어디쯤에선가 필요한 한 컷을 고르고 다시 정렬해야 한다. 문제는 하나를 바꾸면 그다음도 손을 대야 하기 마련이라는 것이다. 편집의 균형이란 것이 그렇다. 문제가 있어서 컷 하나를 살짝 빼거나 더하는 것이 아니라면 편집은 오래 생각해야 하는 일이고, 셀 수 없이 많이 붙였다 떼었다를 반복해야 하는 일이다. 금방 끝날 것 같지만 십중팔구는 그렇지 않다.

　　김형남 감독과 함께 작업할 때였다. 편집 분량이 5분쯤 남았을 때 그의 전화기가 울렸다. 수화기 너머의 아이가 언제

오느냐 묻는 모양이었다. "오늘은 어제보다 일찍 갈 수 있을 것 같아"라고 답을 해도 아이는 자꾸 구체적인 시간을 물었다. 난감한 그가 답을 얼버무렸다. 그 역시 5분의 편집본을 얻기 위해 얼마나 많은 시간이 걸릴지 알 수 없기 때문이다.

"아이들과 더 많이 놀아주지 못해서 미안하죠. 큰아이 때는 그래도 좀 시간이 있었는데 편집감독 일을 본격적으로 하면서 태어난 둘째 때는 진짜 시간이 없었어요. 두 아이의 터울이 열 살이라 남매가 같이 놀기도 어려웠죠. 휴일에도 제가 나가면 실망한 얼굴로 '또 일해?'라고 묻는데 그때 너무 미안해요. 가능하면 휴일엔 가족들과 같이 있으려고 하지만 일이란 게 급하게 몰리면 쉴 수가 없거든요. 더군다나 함께 작업하는 감독들과는 사정을 잘 아는 사이라 예정된 기한을 넘겨도 추가비용에 대한 이야기를 꺼내는 게 쉽지 않아요"

나는 그가 절대로 그런 말을 하지 못할 사람이라는 것을 안다. 그래서 간혹 그와 함께 작품을 할 때면 일부러 단호하게 말하곤 한다. 절대로 착취당하지 말라고. 추가 수정을 요구했다면 추가비용이 발생하는 것이 당연한 것이라고. 물론 다큐멘터리 제작비는 너무나 적기 때문에 절대적인 기준을 들이댈 수는 없다. 그럼에도 상대적인 착취는 안 된다. 편집 수정은 으레 그냥 해주는 것이라 생각해 하루가 걸리든 몇 시간이 걸리든 '조금만 손 좀 봐줘요' 이렇게 말하지 말았으면 한

편집감독의 마음

다. 시급, 일급 착착 지불해야 하는 일이 있고, 그냥 부탁해도 되는 일이 있는가? 아니다. 그런 건 없다.

"지금도 동시에 진행되는 일이 많아요. 하고 싶어서 하는 작품도 있고, 부탁 받고 하는 것도 있고, 돈 때문에 하는 일도 있죠. 그래서 시간 배분을 잘하려고 해요. 편집을 많이 할 때는 하루에 열네 시간에서 열여섯 시간 정도 일하더라구요. 사실 혼자 작업을 하니까 밥 먹는 시간도 잊을 때가 많아요. 누가 쉬자, 먹자 하질 않으니까 시간이 얼마나 갔는지도 모르고 정신없이 일만 하죠. 이러다가 건강을 해칠 것 같아서 요즘은 가능하면 규칙적으로 일을 하려고 노력 중이에요. 근데 일만 시작하면 시간이 어떻게 가는지 모르겠어요. 쉬면서 해야지 하는데도 몇 시간씩 앉아 있을 때도 많아요."

다큐멘터리는 감독이나 작가, 편집감독들의 시간을 먹고 자란다. 극영화처럼 미리 원고를 쓰고 콘티를 짜서 배역을 정하고 그대로 촬영하는 것이 아니다. 그날 무슨 일이 벌어질지 알고 촬영장에 나가는 날보다 모르고 가는 날이 더 많다. 악역이라 믿었던 사람이 점차 변하는 것도 보고, 중요하지 않았던 인물이 돌연 자기만의 색깔을 드러내며 나타나기도 한다. 현장은 수시로 변할 수 있기 때문에 감독의 몫은 '무엇을 말할 것인가' 하는 주제를 지키는 데 있다. 감독이 품고 있는 주제를 함께 지켜주는 이가 바로 편집감독이다. 그렇다 보니

한 편의 영화가 시작되고 끝날 때까지 머릿속이 쉴 틈이 없다. 책상에 앉아 일하는 시간이 열 시간이라고 해도 그 뒤에 감춰진 시간은 더 많다. 그는 이 끝도 없는 편집감독의 길에 어쩌다 접어든 것일까?

"다큐멘터리를 처음 접한 것은 대학 때 우연한 기회로 영상미디어센터인 '미디액트'에서 촬영 편집수업을 듣게 되면서부터였어요. 그곳에서 TV에서 보지 못한 다큐멘터리 영화들을 처음 접했어요. 너무 좋았죠. 그래서 직접 만들고 싶다는 생각이 들어 학교를 휴학하고 등록금으로 카메라를 샀습니다. 처음 연출한 〈짬〉이 '인디다큐페스티발'에 상영되고, EBS '열린 다큐멘터리'라는 프로그램에 방영되면서 자연스레 다큐멘터리를 시작했어요. 그 후 '다큐 이야기'라는 제작프로덕션에서 9년 정도 김환태 감독과 작업을 같이했습니다. 그러다 2014년도에 독립해 기업을 상대로 광고성 온라인영상콘텐츠를 만드는 작업을 했죠. 그즈음 선배가 자신이 편집하는 영화가 있는데 같이 해보지 않겠냐는 제안을 해서 처음 맡은 작품이 〈블랙딜〉이었습니다. 그때는 편집감독이 뭔지도 모르고 정신없이 했죠. 그다음에 이창재 감독의 〈목숨〉을 했는데 그때까지도 감독님이 원하는 영상을 만들어 붙이는 정도였어요. 그 후에 이소현 감독의 〈할머니의 먼 집〉을 시작했는데 그때 비로소 편집감독의 역할이 뭔지 조금 알겠더라고요. 그때부터 감독의 오더만이 아닌 내 의견을 좀 더 넣어서 자유롭게 작업을 했던 것 같아요."

편집감독의 마음

대본을 잃고 나는 자유를 찾았다

"대본을 잃고 나는 자유를 찾았다." 〈아르마딜로Armadillo〉
(2012)의 편집감독인 제스퍼 오스먼드가 국제포럼에서 던진
첫마디다. 〈아르마딜로〉는 아프가니스탄에 파병된 덴마크 병
사들이 전장에서 겪은 실화를 담은 다큐멘터리로, 63회 칸 국
제영화제 비평가주간 대상을 받았다. 극영화의 편집감독으로
영화를 시작했던 제스퍼 오스먼드는 다큐멘터리라는 논픽션
장르를 만나면서 비로소 자유를 찾았다고 고백했다. 그의 강
연을 들은 것이 2012년. 그때만 해도 다큐멘터리 편집감독이
라는 직업이 낯설었다. 방송에서는 작가와 연출자가 협업해
편집을 하는 시스템이었고, 대부분의 극장용 다큐멘터리는
감독이 편집까지 도맡아 하던 때였다. (물론 지금도 대다수 작품
에서는 여전히 감독들이 편집을 하고 있다.) 스토리텔링을 위해 촬
영본을 재구성하는 것이 막 화두가 되던 때였다.

> "사실 저는 다큐멘터리를 그렇게 많이 본 사람이 아니에요. 편집
> 감독을 하면서 비로소 다큐멘터리가 이런 거구나 알았다고나 할
> 까요? 저한테 영화는 극영화가 전부였던 것 같거든요. 그런데 일
> 을 하면서 실제 인물들의 내면을 보게 되고 그들의 이야기를 듣
> 고 그러면서 그 매력에 점점 빠지게 됐어요. 작업의 아이디어를
> 얻기 위해서는 극영화를 많이 보면서 작업합니다. 이야기가 점
> 프되고 표현되는 과정을 분석하기도 하고 미학적인 표현을 추구

하는 방식을 배우려고도 해요. 〈서산개척단〉의 경우, 개척단원들에게는 악당 격인 중대장을 등장시킬 때 극적으로 표현하고 싶어서 고민을 많이 했어요. 다큐멘터리 안의 연극에서 맞는 장면이 있었는데 중대장 얼굴과 맞는 사람, 관객의 리액션을 교차편집해 때리는 소리를 넣어서 등장시켰죠. 보통 다큐멘터리에는 교차편집을 많이 사용하지 않는데 이 영화에서는 꼭 필요했어요. 극적인 효과를 내는 데 좋은 선택이었던 것 같아요."

다큐멘터리와 극영화를 별개로 생각하는 이들도 많다. 하지만 영화의 출발은 1895년 뤼미에르 형제의 〈기차의 도착〉으로부터다. 기차가 도착하는 플랫폼의 풍경을 찍어서 극장에서 상영한 것이다. 최초의 영화는 다큐멘터리였던 것이다. 픽션과 논픽션이라는 구분으로 보면 아주 다른 듯하지만 근원은 하나다. 결국 감독이 표현하고자 하는 주제를 실제의 이야기로 보여줄 것인가 극으로 만들어진 이야기로 들려줄 것인가의 차이라고 본다. 그러므로 다큐멘터리 역시 극적 구조를 가지고 있고 그렇게 구성된다. 다만 앞서 밝혔듯이 제작 여건상 감독이 촬영, 편집, 구성, 음악 등 모든 일을 도맡아 하는 경우가 많기 때문에 편집감독이나 작가의 역할이 낯설고 사치스러울 수밖에 없는 현실이다.

"제 경우엔 처음부터 편집감독이 되려고 시작한 것이 아니라서 사수도 없었어요. 오히려 여러 작품을 거치면서 감독님들과 피

편집감독의 마음

김형남,

디님들에게 피드백을 받고 조금씩 편집에 대해 알아가게 되었죠. 사실 지금도 조금씩 편집을 알아가는 중입니다. 그동안 편집감독을 맡으면서 들었던 생각은 '편집감독은 편집기술만 있다고 해서 되는 것은 아니구나'였어요. 기술은 기본이고 더 나아가 작품의 전체를 보면서 이야기를 배열하고 느낌을 배열하는 통찰력과 씬들 또는 이미지가 주는 미묘한 느낌을 잘 캐치할 수 있는 예민함이 필요하단 걸 배웠어요. 그리고 오랜 시간 작품과 함께 인내하는 끈기가 필요하다는 것도요. 근데 사실 누군가 다큐 편집감독을 하고 싶다고 하면 오히려 말리고 싶어요. 하지만 그래도 꼭 해보고 싶다면, 무엇보다 많이 편집해보라고 말해주고 싶어요. 그리고 그 편집본을 보고 다른 이들과 이야기해보는 것도 꼭 필요해요. 특히 편집본을 보여주고 피드백을 받는 것을 두려워하지 말아야 해요. 정답은 하나가 아니거든요."

인터뷰를 하던 2019년 겨울, 김형남 편집감독은 〈서산개척단〉을 함께 만든 이조훈 감독과 〈광주비디오: 사라진 4시간〉이라는 다큐멘터리를 작업하고 있었다. 1980년 오월의 광주를 그린 〈광주비디오〉의 제작과 유통과정을 담은 영화다. 이번 영화는 그에게 조금 특별하다.

"원래 편집감독은 작업의 뒷부분에서 합류하잖아요. 그런데 이 영화는 기획부터 함께했어요. 영화 제목도 같이 정하고 촬영 단계부터 감독과 의견을 조율해서 오케이 컷 편집을 하면서 진행

편집감독의 마음

했어요. 작품 초기부터 참여하니까 책임감을 많이 느끼고 생각도 더 많이 하게 되는 것 같아요. 자료를 더 찾아야 하고, 의견도 줘야 하고…. 그런데 이런 작업이 이전 방식보다 힘들긴 해도 확실히 더 재미있어요. 현장에서 촬영현장도 지켜보고 하니까 내용에 대해 더 가까워지고 내 생각을 더 많이 넣게 돼요. 예전엔 감독의 의도에 맞춰주는 게 내 일이라 생각했는데 점점 내 생각이나 느낌, 방식이 생기는 것 같아요. 물론 이렇게 할 수 있는 건 감독의 신뢰가 있었기 때문이죠."

편집은 '건축'과 매우 유사하다. 수많은 영상 소스들은 각각 다른 장소와 인물과 사건을 담은 각각 다른 재료들이다. 이 재료들에 저마다의 '용도'를 부여하여 제자리에 배치하게 되면 비로소 그것은 완결된 구조, 즉 어떤 '질서'를 가진 하나의 구조물이 된다. 건축과 다른 점이 있다면, 편집은 그 재료들을 공간적으로 구축하는 것이 아니라 선형적으로 구축한다는 점이겠다. 그럼에도 불구하고 영화는 역시 건축과 마찬가지로 이전에 없었던 입체적인 공간을 지향하고 또 그것을 만들어낸다.

— 김옥영, 「다큐의 기술」, 웹진 Docking

편집은 굉장히 현실적인 작업이다. 감독이나 작가, 프로듀서가 기획단계에서 가지고 있던 주제와 이상은 촬영에서 조금 더 구체적으로 변화하고 편집에서 현실화된다. 아무리 주제가 좋고 기획의도가 확실했다 한들 촬영에서 이야기의 재료들을 얻어내지 못했다면 공염불에 불과하다.

영화는 영상의 예술이다. 찍히지 않은 것을 이야기할 수 없다. 현실 위에 두 발로 서야 하는 다큐멘터리는 더욱 그렇다. 그래서 원대하던 기획의도와 이상은 촬영이 진행되면서 조금씩 변경된다. 포기할 부분과 확장할 부분이 매번 새롭게 생겨난다.

그다음은 편집에서다. 편집이 시작되면 비로소 감독들은 자신이 두 팔 가득 들고 왔던 것들을 주섬주섬 내려놓기 시작한다. 편집을 '비움 혹은 버림의 예술'이라 부르는 이유다. 얼마나 잘 버리느냐에 따라 좋은 작품이 탄생한다. 어렵게 촬영했다고 해서, 내게 애틋한 장면이라 해서 붙들고 있을 수만은 없다. 가장 경제적이고 냉정한 선택이 필요한 순간이 바로 편집이다. 그래서 감독보다는 편집감독이나 작가가 편집에서는 냉철해질 수 있다. 전체 흐름에 도움이 되지 않는 장면이라면 억만금을 주고 찍었다 해도 가차없이 삭제되어야한다. 전달하고자 하는 주제를 가장 효과적으로 전달하기 위해 장면들이 배열되고 음악과 효과음이 추가되고 정확한 단어를 포함한 인터뷰가 들어간다. 이것은 사실을 왜곡하기 위해서가 아니라 보다 효과적으로 전달하기 위한 방법일 뿐이다. 재구성된다 해서 사실이 왜곡되거나 거짓이 진실이 되어서는 안 된다.

편집감독의 마음

"편집할 때마다 염두에 두는 게 있어요. 예전에 작가님이 얘기해 주신 건데요. '작가는 글로써 구성을 하지만 편집감독은 영상으로 구성을 하는 것이다.' 이 말을 많이 생각해요. 내가 작가라면 이 씬을 어떻게 이끌어갈 것인지, 어떻게 재구성할 것인지 다시 생각해보게 되죠. 그러면 길이 조금 보이기도 해요. 작업을 할수록 제가 변하는 걸 느끼는데 가장 큰 변화가 그거예요. 예전에는 감독이 원하는 것을 편집하는 '오퍼레이터'였는데 언젠가부터는 작품에 더 개입하는 '크리에이터'가 된 것 같아요."

한 걸음씩 성장해갑니다

처음 그를 만났을 때를 기억한다. 웃는 눈매가 동그란 착한 얼굴이었다. 저 순한 얼굴로 이 험난한 영화의 세계를 어찌 헤쳐나갈까 선배로서 걱정이 되었다. 몰아치는 작업의 파도 속에서 그가 지쳐 떨어져나가지 않을까 안쓰러웠던 적도 있었다. 하지만 그는 강했다. 우선 그에겐 사랑하는 가족이 있고, 그는 그 힘으로 파도에 맞섰다. 그는 작품을 마칠 때마다 한 걸음씩 성장해나갔다.

"다큐멘터리에는 꾸미지 않은 날것의 감동이 있어요. 그리고 편집하면서 인문학적 소양이 커진다고 할까요? 한 번도 생각해보지 않았던 것을 생각하고 고민하게 되더라고요. 예를 들어 양심적 병역거부를 보면서 평화, 양심, 이런 것에 대해 생각을 하게 되었어요. 그 전에는 아무런 고민 없이 군대는 다 가는 거지! 생각했거든요. 하지만 다큐멘터리 편집을 하면서 관련된 인터뷰를 듣고 자료 화면들을 보면서 다른 관점에 대해 생각해보게 되니까 제가 바뀌어가는 걸 느껴요. 다큐에는 사람을 움직일 수 있는 힘이 있는 것 같아요. 모든 작품이 다 기억에 남지만 역시 〈노무현입니다〉가 가장 기억에 남습니다. 〈노무현입니다〉는 세상에 '김형남'이란 사람을 알릴 수 있게 해주었고, 여러 작품을 편집할 기회들을 제공해준 작품이었거든요. 이 영화를 계기로 평창 동계올림픽 공식 다큐멘터리 영화인 〈크로싱 비욘드〉에도 참여할 수 있었어요. 그리고 무엇보다 〈노무현입니다〉를 작업하면서 감독, 작가와 함께 치열하게 회의하고 고민했던 시간들이 큰 자양분이 되었다고 생각합니다."

그의 손을 거쳐간 많은 작품이 올해도 관객을 기다린다. 〈당신의 사월〉, 〈밥정〉, 〈총을 들지 않은 사람들2〉, 〈늙은 투쟁, 가 이야기〉, 〈광주비디오: 사라진 4시간〉…. 인터뷰를 마칠 때쯤 김형남의 다큐하는 마음을 물었다. "다큐멘터리로 세상을 배우고 있다"는 답이 돌아왔다. 그의 답변이 흐뭇할 만큼 좋았다.

누군가 다큐멘터리 작가의 일이 무엇이냐 물으면 나는 '시간을 재구성하는 사람'이라고 답한다. 편집감독도 마찬가지의 일을 한다. 다큐멘터리 작업에서 편집감독은 작가와 영혼의 쌍둥이 같은 사람이 아닐까. 영상과 글로 시간을 재구성하는 두 사람. 그래서 다른 어떤 스태프들보다도 서로 애틋하고 친밀하다. 우리 앞에 놓인 무수한 시간, 주제를 잃지 않으면서도 그 시간을 가장 영화적인 모습으로 재구성하기 위해 편집감독은 밤을 새워 고민한다. 그 고민의 결과가 바로 스크린에 쏟아지는 약 70분의 영화다.

각자의 인생을 영화로 만든다면 우리는 어떤 장면을 골라 이어붙일까? 중요한 것은 시선이고 주제다. 이 한 편을 통해 세상에 어떤 이야기를 하고자 하는가, 그때 어떤 시선을 가질 것인가. 그 중요한 결정은 편집감독의 손에 의해 이뤄진다. 이제 우리는 그의 눈과 손을 눈여겨봐야 할 것이다.

김형남 편집감독이 추천하는
내 인생의 다큐멘터리 영화

영매 – 산 자와 죽은 자의 화해 (2003)
삶과 죽음의 경계를 이어주는 존재에 대한 이야기. 삶과 죽음은 종이 한 장 차이라는 것을 보여주는 묵직한 울림이 있는 영화다.

볼링 포 콜럼바인
(Bowling For Columbine, 2002)
'다큐멘터리를 이렇게 유쾌하게 만들 수 있구나'를 보여준 작품. 풍자와 유머가 가지는 힘을 느낄 수 있다.

편집감독의 마음

안재민, 촬영감독의 마음

"다큐멘터리도 영상미가 좋다는 말을 듣고 싶어요.
진한 휴먼의 감동도 좋지만, 한눈에 감탄을 자아내는
영상미 높은 다큐멘터리를 만들기 위해
저는 이 녀석과 늘 함께합니다."

경북 안동의 예안 이씨 종택 충효당, 대청마루 안쪽 열려 있는 들문 앞에서 머리가 허연 아들이 꽃반지를 만들어 마주앉은 어머니 손에 끼워드린다. "이쁘다… 이뻐…." 70년을 어머니와 함께 살아온 아들. 어머니는 벌써 5년 전에 구순을 넘기셨다. 들판을 건너온 바람이 대청마루에서 잠시 머뭇거리다 두 사람 사이를 지나 뒷산으로 넘어간다. 카메라는 살며시 내미는 어머니의 손가락을, 꽃을 엮는 아들의 얼굴을, 그리고 마주앉은 그 오랜 세월을 가만히 담아낸다. 안재민 촬영감독이 연출과 카메라를 맡아 4년간 기록해 2015년 개봉한 다큐멘터리 〈나의 아들 나의 어머니〉 중 한 장면이다. 카메라는 알고 있다. 우주가 멈춰버린 듯한 이 시간에 카메라가 어디에 있어야 하는지, 이 두 사람을 어디서 바라볼지 정확히 알고 있는 것이다. 모든 것을 다 안다는 전지전능한 시선이 아니다. 하루가 다르게 쇠잔해가는 어머니를 바라보는 애달픈 아들, 그런 아들을 바라보는 어머니의 손길. 서로에게 온전히 속해 있었고 여전히 사랑하는 두 사람, 마지막이라 생각하며 시작하는 하루하루. 그리고 어쩌면 다시는 보지 못할 그 여름날의 백일홍을 카메라는 때론 담담하게 때론 섬세하게 담아낸다.

사실 안재민 촬영감독은 히말라야나 인도, 아프리카와 같은 지구 저편을 담는 촬영감독으로 더 잘 알려져 있다. DSLR 카메라로 장편 다큐멘터리를 촬영한 최초의 한국인 촬영감독이자, 방송과 영화, 연출과 촬영을 넘나들며 세상을 기록하고 있는 감독이기도 하다.

"2009년에 성규 형(고 이성규 감독)이 〈오래된 인력거〉란 영화를 촬영하자고 했어요. 그 당시 '레드 원(RED ONE, 고화질 디지털 영화용 카메라)'을 가지고 가고 싶어했는데 인도라는 곳이 사정상 대형 카메라가 안 되거든요. 그래서 마땅한 카메라를 찾고 있었어요. 마침 2009년에 DSLR 카메라로 '캐논 5D Mark Ⅱ'가 나와서 그걸 가지고 촬영을 가게 된 거죠. 영화도 찍을 수 있을 만큼 고화질이었어요. 작고 눈에 띄지 않으니까 너무 좋은데 문제는 발열이 심하거든요. 저장도 많이 할 수 없고요. 그래서 카메라를 네 대 정도 가지고 가서 돌려가며 찍었어요. 길게 찍지를 못하고 조각조각 찍은 거죠. 사운드, 코덱 이런 문제 때문에 고생 엄청 했어요. DSLR로 찍자는 건 성규 형 아이디어였거든요. 고생은 했지만 그렇게 해서 〈오래된 인력거〉가 DSLR로 찍은 우리나라 최초의 장편 다큐멘터리가 된 거예요."

현장을 카메라에 담는다는 것은

보여지는 것 그 자체, 너무 성급하게 메타포나 상징으로 건너뛰지 마라. '문화적 의미'를 담으려 하지 마라. 아직 이르다. 이런 것들은 나중에 생각해도 늦지 않다. 먼저 대상의 표면에 떨어진 빛의 실체를 느껴야 한다.

― 필립 퍼키스, 『필립 퍼키스의 사진강의 노트』

인도의 캘커타. 혼돈과 빈곤의 도시, 영국 식민지시대의 화려한 흔적 뒤에 서민들의 애환과 가난이 공존하는 도시다. 미로처럼 복잡한 길에 노란 택시와 외국인과 현지인들이 오간다. 사람들만 간신히 지나다닐 법한 좁은 거리로 트램이 지나가고 맨발의 인력거꾼이 끄는 릭샤(Rickshaw, 인도의 인력거)가 달린다. 하얀 수염을 휘날리며 릭샤를 끄는 이가 바로 샬림이다. 딸랑딸랑. 샬림의 손에 들린 종이 울리며 릭샤가 달려간다. 뜨거운 도로 위로 샬림의 맨발이 달리고 얼핏얼핏 푸른 체크의 룽기(치마처럼 둘러 입는 인도의 전통의상)가 흩날린다. 잠시 인력거가 멈춰서면 샬림의 시선 너머로 세상이 한 발 다가왔다 다시 멀어진다. 15년간 죽도록 일해서 삼륜 트럭을 사겠다는 그의 꿈이 다가왔다가 다시 멀어지는 것과 같다. 혼란스런 그의 마음을 읽듯이 팔과 땀, 낡은 인력거에서 도시 저편으로 포커스가 이동해간다. 모든 사물과 인물에 포커스가 맞아 선명하지만 깊이가 없는 이전의 영상과는 다르다. 카메라는 끝도 없는 샬림의 고통과 절망을 바라본다. 그리하여 깊이를 잴 수 없는 그 절망을 눈으로 보게 해준다. DSLR 카메라가 구현해내는 심도 덕분이다.

"인력거나 의자 밑에 카메라를 달아놓고 찍기도 하고 인력거에 타서 찍기도 했어요. 그때는 '고프로'(GoPro. 초소형 고화질 액션카메라)가 없었거든요. 화면은 거칠고 촬영자는 어지러운데 그래도 그게 가장 생생했어요. 근데 인력거에 제가 타고 있으면 손님이

촬영감독의 마음

못 타잖아요. 그래서 손님이 생기면 옆에서 다른 인력거에 올라 타 찍고 그랬어요. 서면 서고 달리면 달리고…. 주인공이 최대한 카메라를 인식하지 않게 하고 싶었어요. 최대한 자연스럽게. 그래서 비를 많이 기다렸어요. 비가 오면 인도의 거리엔 물이 차고 넘치거든요. 비가 오면 사람들이 분주해져요. 비를 피하려고 하죠. 인력거꾼은 그때가 돈을 버는 시간이에요. 비가 내리고 길이 잠기는 그 시간엔 모두 다 정신이 빠지거든요. 그러면 그 환경에 의해서 인물들의 행동이 자연스럽게 나와요. 카메라 신경 쓸 새가 없으니까요. 그래서 비를 많이 기다렸어요. 비가 쑥 내리면 정신없이 찍었어요."

보는 것이 좋아서 시작한 일

그는 하루 종일 TV를 보는 사람이었다. 누가 그만하라고 말리지 않으면 몇 날 며칠이라도 TV 앞에 앉아 있을 수 있었다. 경제학과를 졸업했지만, 그는 다큐멘터리 전문 프로덕션인 '제3영상'이라는 회사에 지원서를 냈다. 그게 1996년이었다. 그의 표현대로라면 카메라의 '카'자도 몰랐는데 덜컥 촬영부에 뽑혔다. 200대 1이라는 어마어마한 경쟁률을 뚫은 이가 완전 생초보라는 사실은 방송가 사람들에게 두고두고 화제가 되었다. 어쩌면 그의 예상처럼 '완전한 백지' 같은 그의 이력이 오히려 장점이 되었을지 모른다. 하나하나 가르치기에 좋은, 그러면서 절대 도망가지 않을 것 같은 근성이 보였을 것이다. 입사 6개월 후 그는 MBC 〈현장출동〉의 카메라 감독으로 입봉을 했다.

> "카메라를 다룰 줄도 모르면서 촬영부로 지원한 건 뭔가 더 볼 수 있을 거라고 생각했기 때문이었어요. TV를 통해 내가 보는 것이 전부가 아니란 생각을 했던 것 같아요. 분명히 내가 보는 저 상황을 찍은 누군가가 있을 거고 카메라에 잡히지 않은 세상은 훨씬 더 크고 재미있을 거라 생각했어요. 그래서 그 일이 너무 하고 싶었어요. 나도 거기에 있고 싶다, 그런 마음으로 그냥 지원한 거죠. 방송사에서 일했던 사람들도 많이 지원했는데 난 아예 기술을 몰랐기 때문에 모든 게 그저 신기하고 재미있었어요."

〈오래된 인력거〉 이후 안재민 감독은 그의 원대로 더 많은 세상을 볼 수 있게 되었다. 시베리아 툰드라 원주민의 삶을 담은 〈최후의 툰드라〉를 시작으로 태평양의 드넓은 바다와 생물들을, 해발 5,000미터 이상의 히말라야를 기록했다. 2015년 국내 최고 UHD 다큐멘터리인 〈인생횡단〉은 장장 180일 동안 히말라야 서쪽 끝 파키스탄부터 티베트, 네팔을 거쳐 베율에 이르기까지 이동거리만 6,600킬로미터의 대장정을 담았다. 산악인 박정헌을 대장으로 탐험대원 세 명이 함께했다. 6개월간의 촬영을 마치고 돌아오니 안재민이란 이름 앞에 새로운 수식어가 붙었다.

촬영감독의 마음

안재민,

촬영감독의 마음

"오지, 산악 전문 촬영감독이 되었더라고요. 사실 산을 잘 타는 편이 아니에요. 오지를 많이 간 것도 아니고요. 촬영하는 사람이면 누구나 가는 정도였죠. 그런데 히말라야를 횡단하고 오니까 그 후로는 이런 촬영이 있으면 저한테 먼저 연락이 와요. 히말라야 촬영을 간다고 하면 고소를 제일 두려워하는데요. 저는 한 번 겪어보니까 알겠더라고요. 처음에 좀 힘들지만 적응이 되면 괜찮다는 걸요. 3,500미터쯤 가면 첫 고소가 한 번 오고 그다음 4,000대 넘어가면 또 와요. 그리고 5,000 가면 또 오고…, 근데 죽을 것처럼 머리가 아프고 멍하고 토하고 그러다가도 적응이 되거나 낮은 데로 가면 딱 좋아져요. 촬영하면서 그걸 알았죠. 이건 병이 아니다. 그래서 고소가 무섭지 않아요. 히말라야 같은 곳에 한 6개월간 촬영을 가면 보통 70~80명의 포터들이 따라와요. 중간에 식료품이 떨어지면 포터들은 내려가서 다시 가지고 오죠. 히말라야 촬영을 하다 보면 마지막에는 최정예, 꼭 필요한 포터 40명 정도만 데리고 가는데요. 웃긴 얘기로 포터들은 서로 촬영 장비를 들려고 해요. 왜냐면 촬영은 끝까지 가니까…."

맞다. 그는 끝까지 가는 사람이다. 등반가가 목표했던 지점에 마침내 깃발을 꽂을 때도, 더는 갈 수 없어 포기를 할 때도 그 곁에 카메라가 있다. 카메라를 든 촬영감독은 보이지 않는 사람이자 끝까지 가는 사람이다. 그가 원했던 것도 바로 그거였다. 영화나 TV에서 볼 수 없는 그 너머의 세계를 보는 것.

무엇을 어떻게 볼 것인가

다큐멘터리는 어떤 대상을 그대로 옮겨놓는 것이 아니고 '내가 보고 해석한 것' 그만큼을 전달하는 것이다. 어떤 현실, 즉 소재가 있다면 그 소재가 그대로 다큐멘터리가 되는 것이 아니고 그 소재를 어떻게 바라볼 것인가, 어떤 관점으로 바라보고 해석할 것인가 하는 자신만의 시각이 필수적으로 요구되기 때문이다.

－ 김옥영, 「다큐의 기술」, 웹진 Docking

사실을 다룬다는 점에서 다큐멘터리와 뉴스는 같은 집합에 속한다. 하지만 이 둘이 전혀 다른 장르로 분류되는 이유는 바로 감독의 시선 때문이다. 뉴스는 언론으로서 중립적 시각을 유지해야 하는 반면, 다큐멘터리는 사건이나 대상에 감독의 시선을 더한다. 시선은 메시지로 해석되기도 하며, 다큐멘터리에서 가장 중요한 요소로 꼽히기도 한다. 그 어떤 경우에도 다큐멘터리 감독은 메시지를 놓쳐서는 안 된다. 감독의 시선은 절대적인 요소다. 무엇을 어떻게 볼 것인가.

감독이 개입할 여지 없이 벌어지는 현실의 기록에서, 즉 다큐멘터리 촬영현장에서 카메라를 든 촬영감독이 보는 것은 그대로 기록된다. 엄밀히 말하면 촬영감독이 카메라를 통해 사건과 인물을 바라보는 것이다. 여기서 질문이 하나 생긴다. 그렇다면 다큐멘터리의 시선은 과연 누구의 시선이라고 할 수 있을까?

"이게 굉장히 어려운 일이에요. 솔직히 그래서 갈등이 많죠. 정확하게 감독이 뭘 얘기하고자 하느냐가 있어야 하거든요. 그런데 만일 감독이 잘 모른다, 알아가는 중이다 그러면 솔직해야 해요. 우선 자기가 생각한 시선과 촬영감독의 시선이 비슷하면 그냥 가는 게 좋죠. 극영화는 스토리보드가 있어서 감독이 원하는 컷, 사이즈나 위치 등이 정확하잖아요. 근데 다큐멘터리는 전혀 그렇지가 않죠. 순간적으로 사건이 일어나요. 그러면 어떻게든 촬영을 해놔야 하니까 정신없이 따라가죠. 그렇다 보니 감독의 시각이 아니라 그냥 카메라가 바라보는 시각이 되고 말아요. 카메라가 전지적인 관점으로 움직이는 것이 가장 큰 문제고요. 주인공에겐 현재만 있거든요. 과거는 지나가서 없어요. 그런데 그 사람의 평소 표정이나 행동에서 다 보이거든요. 그 사람의 과거가 그 사람에게 남아 있는 거겠죠. 그걸 포착하려면 기다려야 하거든요. 그림으로, 사운드로 충분히 내러티브를 찾을 수 있도록 해야 해요. 말이 아니라 표정들을 기다리고 동선을 파악하고, 캐릭터에 대한 속을 꿰뚫고 있어야 해요. 정신없이 팔로우만 하다 보면 원하는 그림을 찾을 수 없어요. 그건 카메라가 지켜봐야 해요. 그것도 정확히 뭘 찍을지를 알아야 기다릴 수 있는 거예요. 그게 있으면 촬영도 더 경제적이에요."

감독이 모든 걸 잘하는 사람이 아니라고 생각해요. 전문가의 시선에 기대어 가는 부분이 분명 있죠. 있는데… 그 부분을 감독이 알아채는 눈이 있으면 좋은 촬영감독의 시선을 빌릴 수 있을 거라 생각해요.

– 강유가람 감독 인터뷰에서

물론 '감독의 시선'이라는 것은 촬영에만 국한되는 이야기는 아니다. '시선'에는 보이는 영상도 있고, 인터뷰나 현장의 목소리로 전달되는 음성적인 것도 있고, 편집이라는 선택과 재구성에서 오는 것도 있다. 하지만 촬영은 물리적으로 가장 먼저 보이는 영상이기에 더 예민하고 조심스러울 수밖에 없다. 자연이나 특정한 이벤트를 다루는 다큐멘터리보다 사람의 인생을 담는 다큐멘터리는 더욱 어렵다. 특히 인물들은 시간을 두고 공을 들여야 한다. 먼저 카메라와 익숙해져야 하고, 무엇보다 촬영을 한다는 것 자체가 불편하지 않도록 해줘야 한다. 인물이 스스로의 삶을 살고 일상을 계속할 수 있도록 해줘야 한다. 촬영 때문에 무엇인가 바뀌거나 달라져서는 안 되기 때문이다. 인터뷰를 할 당시, 안재민 감독은 여러 다큐멘터리 작업을 동시에 진행하고 있었다. 그중에는 '정태춘과 박은옥'의 인생과 노래를 담은 다큐멘터리도 포함되어 있었다.

"처음에는 내가 일단 찍어요. 캐릭터를 파악하는 시간이 걸리니까 찍긴 찍는데 사실 처음 찍는 것은 대부분 못 쓰죠. 그냥 상대를 알기 위해 카메라를 돌려요. 예를 들어 공연을 찍더라도 이건 중계가 필요한 건 아니거든요. 그래서 무대 뒤를 나이브하게 찍자고 했어요. 제가 집중한 것은 무대 뒤, 관객을 보는 시점 같은 거였어요. 그리고 노랫말이 있으니까 노래 사연에 맞는 장소를 찾아가야 한다고 봤어요. 광주, 남한강…. 그래서 정태춘, 박은옥 씨와 그 장소로 함께 가서 찍었죠. 감독에게는 너무 익숙해서 그냥 지나가는 것들이 나에게는 새로운 게 있어서 어떤 부분은 다시 찍고 했어요. 여기서 중요한 것은 감독과 카메라가 얼마나 소통하느냐예요. 서로 얘기를 많이 하고 원하는 것을 이해하게 되면 감독 없이 제가 혼자 찍어도 감독 원하는 것을 담을 수 있죠. 그러니까 합의가 필요한 거예요. 누가 옳고 그르다가 아니고!"

사실 다큐멘터리는 고요하고 평범한 일상에 느닷없이 생기는 파장을 기다리는 일이다. 그런데 예측하지 못한 순간에 어떤 상황이 펼쳐지면 감독은 전체를 파악하느라 분주하다. 사운드가 들어가고 있는지, 카메라는 어디서 어떤 사이즈로 현장을 바라볼 것인지, 그다음 장면은 무엇일지…. 계획된 장면이 아니기에 상황이 어떻게 변할지는 아무도 모른다. 이때 감독은 전체를 꿰뚫어봐야 한다. 그 짧은 순간에 버릴 것과 담을 것을 판단해야 한다. 그렇지 않으면 다 놓치고 만다.

"다큐멘터리를 연출하는 감독은 오케스트라의 지휘자예요. 촬영 감독은 피아노죠. 여러 악기들 중에서 멜로디를 이끌어가는 악기니까요. 그런데 피아노는 저 끝에 있는 플루트 주자까지는 신경을 못 써요. 그냥 지휘자와 악보를 바라보면서 자신이 해야 할 일에만 충실하는 거죠. 현장에서도 마찬가지예요. 촬영감독은 피사체를 놓치지 않기 위해서 뷰파인더 안의 상황밖에 못 봐요. 그런데 좀 익숙해지면 자신의 연주를 하면서도 다른 악기의 소리를 들어요. '플루트 소리가 잔잔하네. 그럼 나도 그 분위기를 맞춰야지.' 촬영의 흐름이나 전체적인 이야기의 구조도 생각하면서 전체적으로 아주 조화로운 연주를 만들어내는 거죠. 좋은 촬영감독은 '다른 연주자의 소리도 잘 듣는 사람'이라고 생각해요. 그렇지 않으면 피아노맨, 즉 카메라맨에 그치는 거죠. '촬영감독'이 아니라."

그는 누구보다 연출자, 감독에 대해 많이 생각한다. 단순한 카메라맨이 아니라 카메라 '감독'이 되고 나아가 작품 전체를 바라보는 감독의 역할까지 고민한다. 다큐멘터리 작업에서는 그럴 수밖에 없다. 열악한 제작비로 인해 카메라 감독이 연출까지 해야 하는 경우도 많고 유일한 스태프로서 감독의 가장 가까운 파트너일 때도 많기 때문이다. 감독의 역할에 대해 많은 고민을 해온 탓일까? 2015년 그는 감독으로 데뷔해 EIDF(EBS 국제다큐멘터리영화제)에서 시청자 관객상을 받은 뒤 정식으로 개봉도 했다. 그 작품이 바로 〈나의 아들, 나의 어머니〉였다. 그 영화에는 잊히지 않는 몇 장면이 있다. 롱샷, 롱테이크로 이어지는 풍경 걷기 장면! 어머니가 탄 휠체어를

천천히 밀며 걸어가는 아들. 두 사람은 저 멀리 배롱나무가 고운 충효당을 배경으로 우에서 좌로 수평선을 그리며 느리게 걸어간다. 너무 평범해서 지루하기도 하고 고집스럽기도 하고 아련하기도 하다. 두 사람이 함께 살아온 70년의 인생이 그러했을 것이다.

> "어메, 앵두나무 꽃이 필라고 해. 복숭아나무도…. 뚜벅뚜벅 걸어가야지."
>
> – 〈나의 아들, 나의 어머니〉에서 아들의 말

또 다른 장면은 영화 말미에 있다. 노모는 폐암 말기를 진단받고 상태가 악화돼 요양병원으로 옮겨진다. 큰 병원에서는 더 이상 해줄 게 없는 상태다. 인공호흡기에 의존하고 있는 어머니는 아이처럼 집에 가고 싶다고 투정한다. 아들은 답한다. 집 앞에 꽃이 피려고 하니 얼른 기운차려서 뚜벅뚜벅 걸어가자고. 하지만 어머니도 아들도 안다. 다시 예전으로 돌아갈 수 없다는 것을. 누구나 한 번은 겪어야 하는 인생의 마지막 몇 날, 몇 시간…. 보통 이 지점에서 관객은 불편해질 수밖에 없다. 그런데 안재민 감독의 영화는 관객의 감정을 일방적으로 끌고 가지 않는다. 그 힘든 시간을 카메라는 너무 가깝지도 너무 멀지도 않게 바라보며 그저 두 사람과 함께한다.

"그즈음 방송 다큐멘터리 쪽에 있던 진모영 감독은 〈님아, 그 강

을 건너지 마오〉로, 박혁지 감독은 〈춘희막이〉로 먼저 개봉을 했어요. 저랑 비슷한 시기에 제작을 했는데 제가 맨 나중에 개봉을 하게 됐죠. 저는 다른 작품의 카메라 감독을 하면서 작업하다 보니까 시간이 없었어요. 정신이 하나도 없더라고요. 감독은 제가 하고 싶었던 일이었어요. 저도 제 작품을 갖고 싶단 생각도 했고요. 근데 해보니까 사실 적성에 잘 안 맞아요. 신경 쓸 게 너무 많아요. 촬영에 집중해야 하는데 집중이 잘 안 되더라고요. 출연자도 보고 현장도 다 봐야 하고, 기획, 예산, 촬영, 편집, 개봉… 모든 것을 결정해야 하니까 너무 바빴어요. 일이 끝이 없어요. 그러다 보니 정작 내가 봐야 할 걸 놓치더라고요. 그게 너무 힘들었어요. 언제까지 남의 일만 할 거냐 내 일도 해야지 싶어서 그땐 촬영을 접고 감독을 하려고 했어요. 지금은 아니에요. 하고 싶은 이야기가 있으니까 하는 거예요."

어떤 사람이 카메라 감독이 되는 건가요?

카메라가 권력이던 시절이 있었다. 현장을 숨김없이 기록할 수 있다는 능력만으로 경외의 대상이 되었다. 카메라를 다룰 수 있는 사람이 극히 적었기에 더욱 책임감이 컸던 시절이었다. 지금은 누구나 카메라를 가지고 있다. 촬영감독으로서의 '시선', '견해'가 더욱 중요해진 시점이다.

"이 바닥에서 살아남는 두 가지 방법이 있다고 얘기들 해요. 감각이 뛰어난 천재거나, 열심히 하거나. 이 두 가지라고 하는데요. 예전엔 저도 그 의견에 동의했어요. 근데 최근에 생각이 바뀌었어요. 천재라고 다 할 수 있는 것도 아니고, 열심히 한다고 되는 것도 아니란 생각이 들어요. 그래서 강의를 하거나 후배를 만나면 이렇게 물어요. '네가 하고 싶은 얘기를 세상에 하고 싶니?' 촬영감독 역시, 작품을 통해 세상에 하고자 하는 얘기가 있어야 한다고 봐요. 그래서 그 의지가 있는지 묻죠. 아직 그런 생각이 들지 않을 때긴 하지만."

'세상에 하고자 하는 얘기가 있는가.' 모든 창작자에게 늘 던져지는 질문이다. 가끔 어떻게 하면 다큐멘터리 작가가 될 수 있는지 묻는 이들이 있다. 나 역시 같은 답을 한다. 세상에 하고 싶은 얘기가 있어야 한다. 내가 본 것을 그냥 보고 마는 사람은 작가가 될 필요가 없다. 그런 사람은 소설의 독자가 되거나, 영화의 관객이 되면 된다. 나는 그것도 참 좋은 '몫'이라고 생각한다. 꼭 세상 모든 사람이 작가가 되고 감독이 될 필요는 없으니까 말이다. 그런데 세상과 나누고 싶은 사람들이 있다. 세상과 나누는 방법을 늘 새롭게 표현하고 싶은 사람도 있다. 정확하게 표현하고 싶은 사람도 있고, 최고의 이미지로 표현하고 싶은 사람도 있다. 안재민은 늘 최고의 이미지로 표현하고 싶은 사람 중 하나다. 그래서 다큐멘터리를 하는 사람들끼린 그를 가리켜 '장비 욕심 많은 감독'이라고 한다.

"저는 다큐멘터리의 영상 퀄리티에 대해 누가 얘기해도 '안재민이 찍은 건 최상이야'라고 말하면 좋겠어요. 그걸 찾다 보니까 카메라가 '레드'까지 온 거예요. 가장 최적화된 세팅이죠. 이건 기성품이 아니고 제가 스스로 최적의 조합을 만든 거예요. 렌즈부터 오디오까지 하나씩 테스트하면서 맞춰가다 보니 이렇게 된 거죠. 관객이나 시청자들이 외국 다큐는 영상이 엄청나게 좋은데 우리나라 다큐는 영상미가 별로라는 얘기를 가끔 하거든요. 그런 말을 들으면 진짜 너무 속상해요. 영화는 이미지가 중요하잖아요. 근데 최고가 아니다? 관객이 만족을 못한다? 이건 부끄러운 일이죠. 그래서 저는 감독이 꿈꾸는 이미지를 최대한 만들고 싶어요. 영상이 최고라는 소리를 정말 듣고 싶어요. 다큐도 미장센 있게 나올 수 있다! 그걸 보여주고 싶었어요. 그래서 저는 지금도 8k 화질로 찍어요. 그러다 보니까 장비 욕심을 좀 내는 편이죠."

그 욕심은 그의 몫이다. 작가가 글을 잘 쓰기 위해 책을 읽고 필사를 하고 전시회를 가고 사람들을 만나고 습작을 하는 것은 그것이 글을 쓰는 작가의 몫이기 때문이다. 그걸 알기에 나는 안재민 감독의 그 '욕심'이 너무 마음에 들었다.

사실 안재민 감독을 인터뷰하던 날 엔 평소와 다른 풍경이 펼쳐졌다. 인터뷰를 시작하기 전 그는 내용을 녹음할 거냐고 물었다. 나는 녹음 기능이 있는 휴대전화를 들어 보였다. 그는 고개를 저었다. 그러더니 차 트렁크를 열고 녹음 장비와 삼각대를 꺼내 붐 마이크를 달았다. 그동안 수차례 인터뷰를 하면서 한 번도 사용하지 않은(아니, 사용할 수 없는) 장비였다. 그는 마이크 테스트를 한 다음 녹음기에 소리가 잘 들어오는지, 저장은 잘 되는지, 배터리는 충분한지 고루 살피고는 인터뷰 준비가 됐다고 내게 말했다. 그것만 보고도 나는 그의 작업 스타일을 충분히 알 것 같았다.

앞으로 꼭 하고 싶은 작품은?

그의 눈이 반짝이고 입꼬리가 올라갔다. 욕심 많은 그가 하고 싶은 일은 다름 아닌 선배 다큐멘터리 작가들에 대한 기록이었다. "다큐멘터리는 남는데 그걸 찍은 사람은 잊혀요."

> 금지된 숲을 정찰하는 병사들의 팽팽한 긴장, 아이러니하게도 히말라야 사원의 평화를 떠올리게 만드는 원경의 감시초소, 그리고 강 하구와 북방한계선의 수려하면서도 얼어붙은 정적. 박종우의 DMZ에는 작가 자신만의 주관적 진실을 찾아내는 성찰의 시간이 고스란히 담겨 있습니다. 그것이 바로 실존의 가치를 의미의 추상적 가치로 구현한 작가의 사진적 시각입니다. 박종우의 DMZ에는 현실과 진실이 공존합니다.
>
> — 박종우 사진전, 고은사진미술관 전시 소개글에서

DMZ 작가로 알려진 박종우, 극지의 자연과 우리땅의

새를 카메라에 담는 임완호, 다이빙 '만깡'으로 유명한 수중 촬영 전문가 김동식, 그들의 작업과 인생을 담는 작업이 그가 꼭 하고 싶은 일이다. 물론 그 세 사람의 인생 너머에는 그가 펼쳐 보이고 싶은 이야기가 있다.

> "이 세 분의 작업과 인생을 통해서 저는 '경계'에 대한 이야기를 하고 싶어요. 경계에는 긴장의 요소가 있지만 결국은 거기서 문화가 발전하거든요. 그리고 경계를 넘어서면 화합으로 가죠. 그 화합의 장으로서 '경계'를 바라보고 준비하자는 거예요. 예를 들면 김동식 감독은 생태주권을 얘기하거든요. 바닷속 물고기들 중에서 한반도에만 사는 물고기들이 있어요. 그 물고기를 미기록 어종으로 남기는 게 아니라 우리의 토종 이름을 찾아줘야 한다는 거예요. 그것이 바로 생태주권이죠. 김동식 선배는 그렇게 물고기들을 연구하다 보니까 이학박사까지 됐어요. 임완호 감독은 가창오리를 평생 찍고 있죠. 그런데 그 기록을 담당하는 촬영감독을 기록한 다큐멘터리가 없어요. 그래서 제가 그 선배들을 기록해서 기억하고 싶은 거죠."

다큐멘터리는 기록으로 기억을 만든다. 안재민 감독이 담고 싶은 이야기는 그 기록을 기록하는 사람들에 대한 이야기다. 우리가 무수한 경계 사이에서 그 너머의 화합을 보아야 하는 것처럼, 무수한 현상 속에서 우리는 그 카메라 너머의 누군가에게 눈을 맞출 수 있어야 한다. 보이는 것 너머의 것,

그것이 바로 욕심 많은 촬영감독 안재민이 카메라에 담고 싶은 진짜 모습이다. 우리가 이미지를 바라보느라 알아채지 못한 그 너머의 이야기를 담는 촬영감독, 그의 다큐하는 마음은 그래서 깊고도 따뜻하다.

안재민 촬영감독이 추천하는
내 인생의 다큐멘터리 영화

붉은 꼬리매의 전설
(The Legend of Pale Male, 2009)
'자연·휴먼 다큐멘터리란 무엇인가?'라는 오래
된 질문에 답을 준 작품. 16년 동안 감독은 자신
의 정체성뿐만 아니라 자연과 인간의 공존 가능
성을 뉴욕이라는 거대한 도시의 한 공원에서 찾
는다. 제3회 DMZ 국제다큐멘터리영화제에서
펑펑 울면서 봤다.

오래된 인력거 (2011)
지금은 고인이 된 이성규 감독의 작품. 당시 나
는 촬영감독으로 참여했는데, 카메라 레코딩 시
간이 너무 짧아 정신없이 찍었다. 해마다 장마철
이 돌아오면 인도 콜카타 서더스트리트의 폭우
속에서 인력거를 끌던 샬림이 떠오른다. 여름에
보면 더 좋은 작품!

촬영감독의 마음

이승민, 비평가의 마음

"언제부턴가 영화를 볼 때 가장 먼저 헤드폰을 껴요. 주변 소음을
차단하기 위해서죠. 이 헤드폰은 영화의 소리에 집중하기 위한
저의 가장 중요한 도구입니다."

비평 혹은 평론이라는 말은 왠지 냉혹하게 들린다. '비평'이라는 말에서 뿜어져나오는 '가차없음' 때문일 것이고, '평론'이라는 말에서 느껴지는 '날선 논리' 때문일 것이다. 하지만 신형철의 말처럼 '비평은 해석이며 일종의 창조'다. 그러므로 비평가는 이미 만들어진, 창조된 하나의 작품에 대해 새로운 해석을 하는 사람들인 것이다. 그래서 그는 비평하는 사람들을 가리켜 작품을 '까는' 사람들이 아니라 '낳는' 사람들이라고 했다. 나는 그의 말에 전적으로 동의한다. 비평가가 없다면, 우리는 그토록 세세하게 컷과 장면을 되짚어보지 못했을 것이다. 행간의 의미를 읽어내려 골똘히 생각에 잠기지도 못했을 것이며, 감독이 던진 질문에 답을 찾느라 자다가도 벌떡 일어나는 일은 더더욱 없었을 것이다. 그래서 정확히, 잘 쓰인 비평문을 읽으면 '대체 내 눈은 뭔가?' 하는 자괴감에 빠질 때도 있고 속이 후련해져 '맞다 맞다!' 맞장구를 치게 될 때도 있다. 아직 보지 않은 영화라면 그 마음에 공감하고 싶어 얼른 극장으로 향하게 되고, 이미 본 영화라면 다시 보고 싶은 생각이 간절해진다. 이승민 비평가는 이것이 비평가가 해야할 일이라고 말한다.

"한 편의 영화를 세상으로 던지기 전에 완충지역이 필요하다고 봐요. 그것이 비평가의 역할이죠. 교수의 일이 가르치는 거라면, 비평가는 관객의 최전선에서 영화를 이야기하는 것이라 생각하거든요. 비평가는 주제를 벼르는 방법도 감독과는 다른 방식과

비평가의 마음

감각으로 풀어가는 것이 좋았어요. 그것이 제가 글을 쓰는 이유이고 강의하는 이유이기도 합니다."

증거 없는 기억은 증명될 수 없고, 기록 없는 기억은 망각으로 이어진다는 사실이다. 개인을 기억하기 위해서든, 사건을 증언하기 위해서든 힘없는 자들에게 기록은 절실했다. (…) 감독 와드는 오늘도 〈사마에게〉를 보여주면서 진행 중인 내전과 참상에 대해 알리고 또 알린다. "역사라고 말하지 말라. 여전히 진행 중이며 행동해야 할 일이다." 다큐멘터리 영화의 힘을 누구보다 잘 알고 있는 다큐멘터리 영화이다.

이승민 비평가가 《르몽드디플로마티크》에 올렸던 비평글의 일부다. 〈사마에게〉는 와드 알카팁이라고 자신을 밝힌 한 여성이 내전 중인 알레포에서 벌어진 5년간의 일을 촬영하여 기록한 다큐멘터리다. 영화 속에서 와드는 친구이자 의사인 함자와 결혼하여 딸 '사마'를 낳고, 전장 속에서 키운다. 영화는 민주주의 혁명과 내전으로 수많은 시민들이 다치고 죽어나가는 알레포의 실상을 담고 있다. 2019년 가장 주목받은 다큐멘터리였으며, 우리나라에서는 DMZ 국제다큐멘터리 영화제에서 상영된 후 개봉했다.

이승민 비평가의 글을 읽게 된 독자들은 아마도 '기억과 기록, 그리고 행동'이라는 단어에 집중할 것이다. 동시에 아직 이 영화를 보지 않았다면 관람이라는 행동을 통해 시리아의 고통과 아픔에 동참하고 연대하고 싶은 마음이 생겼을 것이다. 다큐멘터리의 힘은 행동에 있다. 이미 지나간 시간인 역사를 다룰 때조차 다큐멘터리의 목표는 그것이 오늘 우리에게 어떤 행동을 불러오는가 하는 데 있다. 다 지난 얘기, 아무런 힘도 없는 과거완료가 아니라 현재진행형일 때 바로 거기서 힘은 발휘된다. 비평가는 감독이 말하고자 하는 이야기에 두 발을 딛고 서서, 자신의 눈으로 해석한 영화를 다시 펼쳐낸다.

"〈사마에게〉는 영화를 선정하면서 봤고, 영화제 때 보고, 이번에 다시 봤어요. 보통 비평글을 쓰려면 영화를 세 번 보거든요. 처음엔 글을 쓸지 말지를 결정하려고 보고, 두 번째는 글쓸 마음으로 보고, 세 번째는 쓴 글을 확인하려고 봅니다. 나이가 들면서 경험치가 많아지면 보이는 게 많아지잖아요. 〈사마에게〉는 첫 장면에서 너무 놀랐어요. 그리고 곧바로 엄마이자 카메라 든 감독인 '와드'의 공포에 공감했습니다. 저도 아이의 엄마라 그런지 너무 푹 빠져서 봤어요. 카메라를 들 것인가 말 것인가, 아이를 어디다 둘 것인가, 갈 것인가 남을 것인가, 선택으로 이뤄진 영화죠. 글을 쓸 때도 제가 받았던 그 인상들이 관객에게 전달되기를 바라는 마음으로 썼어요."

〈사마에게〉★★★★★★★
죽음을 살아낸, 모질도록 정직한 기록
- 박평식,《씨네21》

비평가들에 대한 오해 중 하나는 별점이다. 우리는 꽤 자주 그들이 어떤 해석을 내렸는가에 대해 묻지 않고 별점을 얼마나 주었는가만 세어본다. 누가 몇 점을 주었는가? 그러니까 신형철의 표현처럼 비평가를 '까는 일'을 하는 사람 혹은 '점수를 매기는 사람'이라고 생각하는 것이다. 그다음은 말의 성찬에 대한 오해다. 비평가들이 좋다, 최고다, 꼭 봐라 하는 영화는 어렵거나 지루하다는 선입견이 있다. 맞다. 어떤 영화는 수면제 같기도 하고, 또 어떤 영화는 도무지 맥락을 가늠하기 어려울 때도 있다. 어디 영화뿐인가? 비평가의 글도 어렵기는 마찬가지다. 밑줄을 그으며 읽는데도 불구하고 이것이 정녕 나의 모국어가 맞나? 싶을 정도로 해석하기 어렵다. 들뢰즈와 랑시에르를 모르면 영화를 보지 못할 것만 같다. 아니 보더라도 이해는 못할 것 같다.

키노키즈

"1990년대까지만 해도 그러지 않았던 것 같아요. 백두대간에서 수입했던 〈희생〉이라든가 〈내 친구의 집은 어디인가〉, 이런 영화들이 인기를 얻었거든요. 영화를 모르지만 그 영화들을 '봐야만 한다'면서 선한 의무감으로 봤던 시기죠. 그러면서 관객들은 평론가들의 시선을 따라가보려 했죠. 영화와 책이 함께 가면서 더 깊이 있는 영화 보기가 되고 그래서 관람과 독서를 따로 분리된 것이라 생각하지 않았던 것 같아요. 디지털화되고 멀티플렉스가 나오기 시작하면서 비평이 죽음을 맞이하죠. 저는 비평이 활자 매체의 죽음과 함께 한 번 죽었다고 생각해요. 어려운 영화다, 상 받은 영화다, 비평가가 좋아하는 영화는 대중성이 떨어진다, 이렇게 인식하기 시작한 거죠. 영화를 고급문화나 예술로 보던 시선에서 대중문화, 오락으로 치우쳐지던 시기들이 이때 복합적으로 생겼던 것 같아요. 《키노》 잡지를 밑줄 그어가며 읽던 시기를 지나, 영화가 오락의 대상이 돼버리고 나니까 영화도 쉽고 재밌어져야 했죠. 비평도 마찬가지고요."

1995년 창간된 《키노KINO》는 관객들에게 비평의 존재를 알려준 전설적인 영화 잡지였다. 영화잡지의 전설이 된 배경엔 운명적인 만남이 있었다. 배급사 백두대간에서 수입 배급한 안드레이 타르코프스키 감독의 〈희생〉이 1995년 2월에 개봉되면서 영화가 철학적일 수 있다는 것을 관객들이 알게 되었다. 자신의 목마름을 깨달은 관객들은 영화를 읽을 수 있는 도움이 절실했다. 아지랑이처럼 어질했던 그해 봄날, 《키노》가 탄생했다. 영화를 보고 나서도 채워지지 않던 갈증을 잡지가 채워줬다. 《키노》에 실린 비평글을 한줄 한줄 읽다 보면 영화 관람은 거룩한 행위가 되었다. 한 달이 유효기간인 보통의 잡지들과 달리 《키노》는 이사 갈 때마다 고이고이 '싸들고' 다니는 애장품이었다.

이승민,

"저도 《키노》 세대죠. 한창 정체성에 대해 고민할 즈음 캐나다로 이민을 갔어요. 처음엔 적응하느라 무척 애를 썼어요. 머리가 말랑할 때라 그런지 2년 정도 지나니까 학교 수업도 잘 따라가고 친구도 사귀면서 어느 정도 안정이 되었어요. 그런데 이상하게 한국어에 대한 갈증이 사라지지 않는 거예요. 부모님이 한국에 가시거나 누가 캐나다에 올 때면 한국소설이나 시집 같은 걸 부탁했어요. 한국어 책이 귀하니까 진짜 아껴 읽었죠. 《키노》 잡지도 책값보다 배송료가 더 많이 나갔는데도 꼭 구독해서 봤어요. 영화에 대한 글이니까 더 좋았고요."

갈증이 있었던 것이다. 책의 귀퉁이가 닳도록 보고 또 보았을 것이다. 흥건하게 고여 있는 곳에서는 알 수 없는 달고 시원한 샘물 같은 맛. 한국어로 된 책을 이국의 땅에서 읽으며 갈증의 저 잔뿌리 끝까지 적셔지곤 했을 것이다. 그는 영화도 그렇게 봤다고 했다. 훗날 한국에 돌아와서는 한국독립영화협회에서 발매하는 DVD를 계속 샀다. 아르바이트와 강의로 돈이 생기면 맨 먼저 DVD부터 샀다. 그랬더니 '한독협'에서 누군데 이렇게 독립영화를 사들이는가 하고 그에게 연락을 했다. "누가 이렇게 계속 사는지 궁금하셨던 거죠." 그렇게 이승민은 '한독협'을 찾아가 사람들을 만나고, 같은 것을 좋아하는 사람들이 거기 있음을 알게 되었다. 그리고 그들과 함께 공부를 시작했다. 그는 저 먼 데서도 가느다란 끈의 한쪽 끝을 쥐고 한발 한발 다가서고 있었던 것이다. 도착한 곳이 영화였고 글이었고 사람이었다.

"대학에서 '필름 앤 비디오'를 전공했어요. 제작을 기본으로 하는 전공이어서 영화를 만들었죠. 근데 해보니까 내러티브는 잘 만들 겠는데 비주얼은 한계를 느꼈어요. 그리고 영화는 팀작업이잖아요. 공동으로 하는 게 쉽지 않았어요. 언어적인 경험이나 디테일이 현지 친구들보다는 부족해서 그랬던 것 같아요. 늘 갈증이 있었죠. 그러다 영화제작이 아니라 시나리오로 바꿔서 졸업했어요. 글을 쓰는 것도 좋아한 일이었기 때문이죠. 대학원을 진학하면서는 현실에 있는 이야기가 좋아서 다큐멘터리로 바꾸었고요. 저 같은 경우엔 영화를 만들어봤기 때문에 오히려 비주얼을 잘 읽어내는 사람이 된 것 같아요. 그리고 또 하나는 영화를 말로 알아듣기보다는 영상으로 읽어내려고 노력했어요. 그럴 수밖에 없는 게 영어가 모국어가 아니니까 말의 빈 곳을 그림으로 채우려고 엄청 눈을 고정하고 본 거죠. 그래서 다른 사람들보다 눈이 밝아진 것 같단 생각이 들어요."

공간, 시간의 겹을 탐색하다

이렇게 생존자들의 처절한 체험담이 음성으로 흘러나오는 가운데 강아지 한 마리가 앉아 있는 가시리 초등학교, 가족들이 나온 표선 해변, 쥐가 자유로이 넘나드는 돌담, 허수아비가 서 있는 논, 봉지 씌워진 감귤 나무가 있는 과수원 등 이미 사건이 지나가버린 공간이 아무 일 없는 듯 무심하게 등장한다. 이 불일치는 감정보다 더 독한 심미적 거리를 양산해내고 다른 한편으로는 공간에 역사적 상상력을 덧입힌다.

— 이승민, 『영화와 공간』

그의 책 『영화와 공간』은 공간이면서 시간에 대한 이야기다. '인물과 사건에 종속된 배경'으로서의 공간이 아니라 스스로 존재하고 의미를 가지며 '시간을 가로질러 다층적 해석과 의미를 양산해내는' 공간의 겹을 살폈다. 임흥순 감독의 〈비념〉, 박경근 감독의 〈철의 꿈〉, 정윤석 감독의 〈논픽션 다이어리〉 등이 그의 눈과 글로 다시 읽혔다. 우리는 종종 다큐멘터리에서조차 드라마틱한 내러티브를 찾는 경우가 많다. 펼쳐지는 이야기를 좇다 보면 행간에 숨겨진 뜻이나 영상의 나열이 갖는 의미를 놓치기 쉽다. 사실 한 번 보아서는 감독의 의도를 파악하기가 쉽지 않다. 그저 느낌만 가질 뿐이다. 그런데 이런 글을 읽고 나면 눈이 뜨인다. 어두운 밤길을 되돌아갈 때 헨젤이 떨어뜨려놓은 하얀 조약돌을 발견하는 느낌이 바로 이런 것이 아닐지.

"연구자들끼리 공저한 글은 많이 있었어요. 논문집도 있고. 혼자서 낸 책은 『영화와 공간』이 처음이고 또 대표작이에요. 한국에 와서 다큐멘터리 공부를 하면서 현장 비평을 했는데요. '이명박근혜 시대'를 지나면서 작품들의 경향이 읽혔어요. 그 경향이 축적된 것에 이름을 붙여주고 싶어서 낸 책이에요. 시간이 축적된 이미지에 의미를 넣어줄 수 있어서 좋았어요. 전공으로 책을 낸다는 것은 그 영역에 작은 점을 찍는다고 해야 할까요, 내가 어디쯤 있는지 좌표를 찍는 거라는 생각이 들어요. 학회에서도 글을 발표하지만 그것은 사실 우리만의 리그죠. 논문이나 연구서니까 전공자들만 읽잖아요. 그런데 다른 형식의 책을 내니까, 책을 통해서 영역이 넓어지는 것 같았어요."

영화 비평글을 쓰고 싶다면

"저는 나희덕, 정호승의 시를 많이 읽었어요. 시라는 매체의 함축적인 언어들이 좋았고 영화적 상상에 도움이 됐어요. 글을 쓰는 사람은 다 마찬가지일 거라고 생각하는데, '온몸으로 세상을 느껴라'라고 말하고 싶어요. 세상의 모든 것을 자기 촉으로 빨아들일 수 있는 사람이 되어야 하는 거죠. 그래서 인문학적 지식이 중요해요. 감각이 고루해지면 영화도 고루하게 볼 수밖에 없거든요. 항상 관습에 대해 질문하는 눈을 가지는 게 중요하다고 생각해요. 영화를 많이 보는 것은 기본이고요. 영화 비평은 인문학적 소양이 필요한데, 경험이 많아지면 훨씬 유리해지는 것 같아요."

글쓰기는 참으로 다양하다. 누가 읽을 것인가에 따라 선택할 단어도, 문장의 구조도 다르다. 특정한 글을 잘 쓴다고 해서 모든 글을 잘 쓸 수 있는 것도 아니다. 잘 알아야 하고 공감해야 하고 무엇보다 전달하고자 하는 메시지가 있어야 한다. 그리고 보석을 고르듯, 가장 정확한 단어를 골라내 배치할 줄 알아야 한다.

> 장소 상실은 곧 존재의 불안정을 부추기게 된다. 역설적이게도 이 같은 장소 상실 현상이 심화될수록 공간의 장소성 혹은 정체성은 주목받는다. 이때 장소성은 양가적 의미를 가진다.
> — 이승민, 『영화와 공간』

나는 책을 읽을 때 좋은 문장은 밑줄을 긋고 어려운 단어엔 동그라미를 치고 기억할 문장들은 노트에 따로 필사를 한다. 『영화와 공간』을 읽을 때는 밑줄도 긋고 동그라미도 쳤다. 동그라미가 꽤 여럿이었다. 작가인 내게도 부러운 글이 있는데 바로 저런 글이다. 건조한 듯하면서도 적확한 단어로 옮아 감성이 꼼짝할 수 없는 글. 신형철의, 김승섭의, 황현산의 문장들. 25년 넘게 방송 글을 쓰면서 단련된 내 문장들은 쉬운 글이다. 한 번 듣고 바로 이해할 수 있어야 한다. 영상을 설명하는 글이어서는 안 되고 감정을 강요하는 글도 피해야 한다. 또 가급적 짧아야 하고 읽을 때 운율이 맞아야 한다. 그래서 글을 쓰고 나면 소리내 읽어본다. 읽으면서 고친다. 한자어도 거의 써보지 못했다. 한마디로 직관적인 글쓰기다. 시청자들은 글을 듣기 때문이다. 반면 비평적 글쓰기는 정확한 글쓰기다. 또한 치우치지 않는 글쓰기다.

"캐나다에서 글쓰기 트레이닝을 받을 때 내 글을 읽는 사람을 생각하면서 글을 쓰는 훈련을 많이 받았어요. 글을 쓸 때, 어느 정도의 백그라운드를 줄 거냐, 누구를 대상으로 하는 글이냐, 어떤 주제로 쓸 거냐를 계속 염두에 두고 써야 했어요. 그게 공부였죠. 내가 쓰고 싶어서 쓰는 건지, 읽히기 위해서 쓰는 건지 분명해야 해요. 읽히는 글이라면 자기를 드러내려고 하지 말고 독자에게 얘기하고자 하는 바를 써야 한다고 생각해요. 보통 다큐멘터리는 개봉 기회가 드물기 때문에 영화제를 통해 세상으로 나가거든요. 그렇기 때문에 영화제의 카탈로그가 굉장히 중요해요. 거기에 영화를 소개하는 글이 있잖아요. 짧은 비평글인데, 관객의 입장에서는 일종의 내비게이션이 되죠. 영화제 출품작들은 마니아 관객들도 잘 모르는 작품이 대부분이기 때문에 카탈로그를 보고 선택하게 되거든요. 그래서 저는 영화제 리뷰는 관객들에게 좀 더 도움이 되도록 글을 써요. 논문 글쓰기, 기사 쓰기, 영화제 카탈로그 리뷰, 저널 글쓰기 등 각자의 포맷이 있어요. 각종 글쓰기를 하다 보니까 매체에 따라서 다른 글쓰기가 필요하다는 걸 알게 됐어요. 요즘엔 쉽고 잘 읽히게 쓰려고 노력해요."

직업으로서의 비평가

"일단은 비평가는 직업이라고 하긴 어려운 것 같아요. 직업은 생계가 가능해야 하는데 불가능하거든요. 그러니까 직업은 아닌 거죠."

이 대목에서 잠시 숙연해졌다. 『다큐하는 마음』의 인터뷰이 대부분이 같은 대답을 했다. "직업이라고 하면 그 일을 통해 생계가 보장되어야 하는데 그렇지는 않아요. 대신 제가 좋아하는 일을 지속할 수 있도록 다른 일을 해가면서 하죠." 맞다. 시인이 전업 작가로 살기 어려운 것처럼, 다큐멘터리스트 역시 마찬가지다. 세상의 온갖 여린 것, 보드라운 것, 나약한 것, 힘없는 것을 사랑하고 지지하는 일은 이토록 어려운 일이다. 이승민 비평가 역시 여러 대학에서 영화이론을 강의하고, 부산국제영화제, 서울독립영화제, DMZ 국제다큐멘터리영화제, EBS 국제다큐영화제 등에서 프로그래머와 전문(집행)위원으로 활동한다.

"장점은 영화를 계속 볼 수 있다는 거예요. 특히 누구보다 먼저 볼 수 있죠. 배급되기 전에 시사회를 통해 보여주거든요. 시사회 일정이 나오면 연락이 오니까 관심이 가는 영화는 가서 보고 글도 쓰고 하는 거죠. 저는 그게 좋아요. 영화제처럼 세상에 공개되지 않은 작품들이거나 기획단계에 있거나 이제 막 만들어진 영화

이승민,

비평가의 마음

를 바로바로 만나서 관객이랑 감독과 함께 현장비평을 할 수 있어서 좋았어요."

영화를 좋아하는 사람들에겐 꿈만 같은 이야기다. 가장 먼저 영화를 볼 수 있는 기회가 많다니, 골라볼 수 있다니, 그런 곳에 초대를 받다니. 그런 비평가는 어떻게 되는 걸까? 영화에 대한 글을 쓴다고 다 비평가는 아니다. 반대로 비평가가 아니라고 영화 비평을 하지 못하는 것도 아니다. 기자, 평론가, 에세이스트 등등 영화에 대한 글을 쓰는 이는 많다. 그들 중 누구를 영화비평가라고 할 수 있는 걸까? 우리나라엔 1960년에 창립된 '영화평론가협회'가 있다. 협회에 들어가려면 먼저 협회가 인정하는 공인된 언론매체에 영화평론으로 데뷔한 후 2년 이상 활동해야 한다. 또는 영화저널리스트로서 2년 이상 재직한 자, 정회원 3인 이상의 추천을 받아 총회에서 가입이 승인된 자, 협회가 제정한 '영평 신인평론상 공모전'을 통해 등단한 사람이어야 한다. 하지만 그의 지적처럼, 비평가 혹은 평론가는 전문가를 나타내는 표식이긴 하지만 직업으로서 분류하기는 어려운 점이 있다.

관객들을 만나기 어렵기 때문에

실제 영진위에서 매년 초 발표하는 '한국 영화산업 결산' 자료에 따르면 2018년 독립·예술영화 관객수는 857만명으로 1인당 연평균 관람횟수가 0.2회에도 못 미치는 것으로 나타났다.

－『이데일리』, 2019년 12월 10일자 기사

안타깝지만 독립·예술영화의 현주소는 그렇다. 1년에 '0.2회도 못 미치는' 관람횟수, 그나마 저 조사는 극영화와 다큐멘터리를 합친 숫자다. 다큐멘터리만을 골라낸다면…. 숨이 턱 막힌다. 관객들이 독립·예술영화를 보지 못하는 이유는 의외로 간단하다. '시간대가 안 맞아서' 그리고 '상영관이 없어서'다. 독립·예술영화가 개봉된다는 소식을 들었어도 상영하는 극장이 적고 선택할 시간이 없기 때문에 보려고 맘먹었던 관객들도 포기할 수밖에 없다. 그래서 독립·예술영화, 그중에서도 다큐멘터리를 보러 오는 관객들을 만나면 손이라도 잡고 싶어진다. 다큐멘터리를 개봉하면 상영 후 관객과의 대화(Guest-Visit)를 하는 경우가 많다. 이름난 배우가 출연하는 게 아니다 보니 감독이나 제작자, 작가가 가서 관객들과 이야기를 나눈다.

〈김군〉의 경우 전국적으로 거의 70여 차례 GV를 했다. '와주세요' 하는 곳이면 어디든 달려갔던 것 같다. 관객수보다 얼마나 깊이 이해해주느냐가 더 필요하다고 생각했기 때문이다. 5·18에 대해 잘 알지 못하는 세대들이 이 영화를 보고 그 시간, 그 공간에 있었던 이들을 기억해주기를 바랐기 때문이다. 서울에서, 광주에서, 전주에서… 관객들과 뜨거운 대화를 나누다 보면 발터 벤야민의 『일방통행로』가 떠오른다. "책을 다 읽고 났을 때 아이는 이전의 그가 아니다. 그 아이는 눈이 소복이 쌓이듯, 온몸이 방금 읽은 것으로 덮혀 있다"라는 문장은 영화에도 고스란히 적용된다. 함께 영화를 보고 이야기를 나누면 어느샌가 관객들은 다 함께 감독이 바라본 그 방향으로 한 걸음 움직인다.

"다큐멘터리는 앎과 일깨움 그리고 배움이 큰 장르라 비평가로서 이것을 잘 전달하고 나눌 수 있는 방법을 고민하게 돼요. 대부분 다큐멘터리는 영화제에서 관객들을 만나게 되잖아요. 영화제에서 비평가는 왜 이 영화가 의미가 있는지를 설명하고, 현장에서 바로 관객과 감독을 연결해주는 역할을 해요. 그걸 현장비평이라고 할 수 있는데요. 가장 큰 장점은 영화를 따끈따끈한 상태에서 관객들에게 전달할 수 있다는 거예요. 그게 굉장히 보람되고 재미있어요. 그런 문화를 만들어가기 위해서 노력을 했었어요. 독립영화가 관객을 만나는 것은 상업영화가 관객을 만나는 것과는 굉장히 다른 접근이 필요하다고 생각해요. 그래서 2000년대 중반 들어서면서 관객과의 대화를 본격적으로 시작했던 겁니다. 그 무렵 감독들이 GV를 시작하면서, 관객들도 감독 자신도 만족도가 굉장히 높아졌어요. GV를 통해 한 시간 정도 시간을 갖고 관객들과 대화를 하게 되니까 마니아층이 생기고 독립영화를 보는 눈이나 방법, 재미, 의미를 찾는 것을 학습하게 돼요."

학교에서 우리는 시나 소설의 문법을 배운다. 그런데 유독 시는 함축적 의미나 상징을 배우지 못하면 단순히 글씨를 읽는 것에서 더 나아가지 못한다. 말의 음률과 단어가 품은 비유와 상징을 알고 나서야 감성은 더 풍요로워지고 인생은 더 깊은 맛을 알게 된다.

다큐멘터리 역시 마찬가지다. 알고 보면 더 좋다. 장면의 전환이 다소 거칠 수도 있고 전개가 헐거울 수도 있고 무슨 이야기를 하고 있는지 선뜻 알아채지 못할 수도 있다. 이때 여백은 관객의 몫이다. 주장하는 바를 이해시키고 설득하려고 하지만 그렇다고 해서 마냥 관객을 끌고 가지 않는다. 같이 가자고 한다. 쉬어갈 때도 있고 가만히 바라볼 때도 있다. 그냥 영화 속 주인공과 같이 그 시간을 견뎌달라고 한다. 그것이 바로 독립다큐멘터리의 매력이기도 하다. 그 맛을 알기까진 그의 말처럼 '보는 눈이나 방법, 재미를 학습'해야 한다. 좋은 방법이 바로 관객과의 대화이고 비평 읽기다. 그렇다면 관객과의 대화는 어디서 참여할 수 있을까 궁금할 것이다. 이제부터 다큐멘터리 영화가 개봉되면 개봉 첫 주를 노리자. 보통 첫 주나 둘째 주에 행사가 몰려 있다. 대개는 첫 주, 운이 좋으면 둘째 주까지 관객수를 보고 극장들은 상영관과 시간을 조절한다. 그래서 첫 주에 온 힘을 쏟는다. 그래야 관객이 조금이라도 더 들고 2주차, 3주차까지 갈 수 있기 때문이다. GV가 있는 상영은 이벤트로 미리 공지가 된다. 2019년엔 인디스페이스의 기획전 〈영화를 말하다〉에서 비평가들과 관객

들이 만나 영화를 함께 보고 이야기하는 시간을 가졌다. 찾아보면 이런 행사들은 늘 있다. 한국영상자료원, 경기영상위원회, 인디다큐페스티발, DMZ 국제다큐멘터리영화제 같은 영화제 홈페이지를 수시로 방문하면 놓치지 않고 다큐멘터리를 볼 수 있다.

다큐가 세상을 사랑하는 방법

"'너, 왜 한국 다큐를 하냐?' 가끔 저 스스로에게 물어요. 이상하게 한국 다큐멘터리에 대해 말하고 싶어요. 저는 떠돌이 인생을 살면서 정체성에 대한 고민을 많이 했어요. 그러면서 궁금했어요. 한국에 대해. 그러다 보니 이렇게 알아가는 세상이 굉장히 좋고 고마워요. 살면서 내가 할 수 있는 일을 하는 것 같거든요. 현실, 타인, 세상에 대한 호기심은 많은데 내가 태어나 자란 환경은 한계가 있어요. 그런데 그 환경 안에서만 세상을 보다가 다큐를 보면 내가 겪는 현실 너머를 보게 돼서 좋아요. 다큐를 보면 주어진 현실의 문제에 대해서 오랫동안 카메라를 든 사람이 자기가 본 것을 자기 방식대로 보여주거든요. 그것을 보면서 현실을 배우고 호기심을 채우게 되죠. 깊게 대화하는 느낌도 들고요. 동시에 가장 현장감 있게 배우는 것이기도 해요."

때때로 우리는 타인의 삶을 통해 자신의 인생을 들여다

본다. 살던 곳을 떠나서야 그 공간에 이어져 있는 자신이 오롯이 보이는 것처럼, 타인의 인생을 통해 자신을 바라볼 때 우리는 더 큰 세상을 볼 수 있다. 두 발을 딛고 서 있는 각자의 자리뿐 아니라, 감독의 눈으로 바라본 세상을 함께 바라보고 대화할 때 우리는 타인의 삶을 내 삶으로 치환시킬 수 있다. 그런 의미에서 다큐멘터리는 인생을 배우는 학교이기도 하다. 어쩌면 비평가는 다큐멘터리와 관객을 이어주는 사람만이 아니라, 다큐멘터리가 보여주는 세상과 현실에 다리를 놓는 사람인지도 모르겠다.

이승민 비평가가 추천하는
내 인생의 다큐멘터리 영화

두 개의 문 (2012)

이전까지 봐왔던 액티비즘 다큐멘터리 영화와는 선명하게 다른 결을 가진 작품. 현장 이슈만큼이나 수많은 질문을 품고 이를 형상화하려는 적극적인 실험을 한 영화다. 무엇보다 당시 현장의 불안과 고통을 솔직하게 담아내고 있다.

거미의 땅 (2016)

역사와 공간과 사람을 한데 엮어낸 수작이다. 한국사에서 은폐하고 지워버린 기지촌 여성의 삶을 과감하고도 적극적으로 표현했다. 기록을 넘어 표현의 영역에서 고통을 담은 작품이다.

비평가의 마음

조계영, 홍보마케터의 마음

"제 애장품은 10년 넘게 쓰고 있는 업무 노트예요.
한 권당 석 달치로, 지금 쓰는 건 마흔다섯 권째예요.
저의 공사다망한 삶이 총망라된 노트라고 할 수 있죠.
인터뷰에 풀어 놓은 다큐들도 굽이굽이 기록돼 있습니다."

한국 다큐멘터리사(史)에는 몇 번의 '기적'이 있었다. 다큐멘터리로서는 도무지 믿기 어려울 만큼의 관객이 드는 '흥행 기적'이었다. 2009년엔 〈워낭소리〉였고, 2014년엔 〈님아, 그 강을 건너지 마오〉였으며, 2017년엔 〈노무현입니다〉였다. 그중 두 영화의 공통분모가 바로 홍보마케터 '조계영'이라는 이름이다. 사실 흥행이란, 간절히 원한다고 되는 것도 아니고 열심히 한다고 이뤄지는 것도 아니다. 누구나 최선을 다하지만 우연히, 기적처럼 시기가 맞고 마음이 맞아야 이뤄지는 일이라고들 한다. 알지만, 그래도 어떤 비법이 있는 건 아닐지 묻고 싶었다.

한눈에 알아보는 마음

"저한테는 다 똑같아요. 흥행이 되든 안 되든 다 제 영화고(제가 감독은 아니지만 제가 맡으면 제 영화라고 생각해요) 개봉을 위해 똑같이 최선을 다해 준비를 하죠. 그러니까 관객이 얼마나 드는가 하는 것은 누군가의 역량만은 아니에요. 관객이 덜 든 영화는 열심히 안 했냐, 그건 아니거든요. 제가 보니까 흥행은 관객과 영화와 시기와 그 모든 제작과정이 운명처럼 딱 맞아떨어져야 되는 거 같아요."

맞는 말이다. 사람의 운명을 점치기 어렵듯 대중예술의

흥행도 함부로 예측할 수 없는 일이다. 그저 최선을 다할 뿐이다. 2019년 조계영 대표는 참 열심히 달렸다. 그가 대표로 있는 '필앤플랜'이 지난해 맡은 영화는 열 손가락이 모자랄 정도였다. 〈칠곡 가시나들〉, 〈뷰티플 마인드〉, 〈김군〉, 〈앨리스 죽이기〉, 〈나의 노래는 멀리멀리〉, 〈프란치스코 교황: 맨 오브 히스 월드〉…. 그중 〈칠곡 가시나들〉의 홍보마케팅에는 우여곡절 사연이 많았다. 이 영화는 경북 칠곡에 사는 팔순 넘은 할머니들이 한글을 배우면서 벌어지는 일상의 이야기이자 인생 이야기다.

> 묵고 시픈 거, 하고 시픈 거' 더 없는 인생 팔십 줄
> 별일 없던 칠곡 할머니들 인생에 별일이 생겼다!?
> 때론 컨닝도 하고, 농띠도 피워가며 '가갸거겨' 배웠더니
> 어느새 온 세상이 놀거리, 볼거리로 천지뻬까리!
> 눈만 마주쳐도 까르르르, 열일곱 가시나가 된 할머니들
> 이제 매일매일 밥처럼, 한 자 한 자 시를 짓게 되는데….
> "고마 사는 기, 배우는 기 와 이리 재밌노!"
>
> – 〈칠곡 가시나들〉 홍보 시놉시스에서

"오지게 재밌게 나이듦" 포스터 제목 위에 쓰인 카피다. 나이드는 게 서글프거나 싫은 게 아니라 오지게 재밌다는 카피에 인생 팔십 줄에 있다는 할매들의 삶이 궁금해진다. 이 카피는 조계영 대표의 손에서 나왔다. 물론 홍보문구도 마찬

가지다. 우리가 극장에 가서 볼 영화를 고를 때 고려하는 몇 가지 조건이 있다. 주연배우가 누군지, 감독은 누군지, 미리 본 평론가들은 어떤 리뷰를 남겼는지, SNS의 입소문은 어떤 지…. 그리고 예고편을 통해 영화의 연출과 배우의 연기를 살짝 확인하고 마음의 결정을 내린다. 하지만 다큐멘터리는 그런 '취향 맞추기'가 불가능하다. 생면부지, 단 한 번도 보지 못한 사람이 주인공인데다가 몇몇 감독을 제외하면 그 이름조차 낯선 감독이 대부분이기 때문이다. 평론가들의 리뷰가 있긴 해도 그들이 좋다는 영화가 다 좋은 건 아니다. 그래서 포스터의 카피나 주인공들의 인상, 영화가 다루는 주제, 수상 내역이나 영화잡지의 기사, 관람객 리뷰가 큰 영향을 미친다. 홍보마케팅의 콘셉트에 따라 공개되는 기사와 영화 정보들에 민감할 수밖에 없는 이유다.

"폭풍 오열을 했어요. 보통 홍보마케팅을 맡기 전에 감독님이나 배급사에서 영화를 보내주세요. 영화를 먼저 보고 작업을 할지 말지 결정하자는 거죠. 첫 미팅을 하게 되면 그 영화 전략이나 콘셉트를 서로 얘기하면서 인연을 맺을지를 결정해요. 그때 서로 얘기가 좀 통해야 하니까요. 근데 이 영화는 처음 보면서 많이 울었어요. 슬퍼서가 아니라 글을 모르던 제 친할머니 생각이 너무 많이 나는 거예요. 그리고 할머니들이 너무 귀엽고 재밌었어요. 흔히 '포텐 터진다'라고 하죠. 막 울면서도 속으로 이 영화는 된다(흥행된다) 싶은 거예요. 분명히 젊은이들에게 통할 거라고 생각했어요. 할머니들이 이쁘고 귀엽고 재미있고…. 팔십 넘은 할머니들한테서 꽃향기가 나는 거죠. 젊은이들이 '웃기다', '재밌다' 반응하면 성공할 수 있거든요. 그래서 이 영화는 무조건 밝게 가야 한다 생각했어요. 늙음을 이야기하지 말고, 재미짐을 이야기하자. 레퍼런스가 〈님아, 그 강을 건너지 마오〉였어요. 노부부의 말로를 슬픈 이야기로 어필할 수도 있었지만 두 사람의 로맨스에 초점을 맞춘 마케팅을 했거든요. 우리나라 다큐멘터리 개봉작 중에 최고 흥행을 할 수 있었던 힘도 그 노부부의 귀여운 로맨스에 이삼십대가 반응을 했기 때문이에요. 그때 관객들 반응은 '엉엉엉…'이 대세를 이루면서도, '저런 사랑 나도 해보고 싶다'가 핵심이었어요."

'어떻게 나이들 것인가'가 화두가 된 것은 어제오늘 일이 아니지만 노령화 시대가 되면서 전 세대의 관심사가 되었다. 유튜버 박막례 할머니를 선두로 노년의 인생이 새롭게 보이기 시작했으며 실버 모델에 대한 관심도 그 어느 때보다 높아졌다. 노년의 삶은 백세시대를 살아가야 할 우리 모두의 미래이기도 하다. 그런 관심 덕분에 2018년 연말에 개봉한 〈인생 후르츠〉는 잔잔한 입소문을 따라 7만 관객을 돌파하는 저력을 보여줬다. 〈칠곡 가시나들〉이 개봉될 무렵, 여기저기서 '안티에이징'이 아닌 '웰컴투에이징'이라는 말이 떠돌기 시작했다.

과연 영화 속 할매들은 귀여웠다. 첫 장면은 넓은 하늘

사이로 뭉게뭉게 피어오른 구름, 그 아래를 일렬로 걷는 검정 교복의 할머니들이었다. 지팡이를 짚고, 굽은 허리로, 아픈 무릎으로 그래도 인생이 재미지다고 웃으며 어깨춤 추는 할매들, 아니 가시나들을 보고 있노라니 이상하게 울컥 눈물이 차올랐다.

"휴먼 다큐멘터리는 확실히 주인공에 따라서 달라져요. 주인공 자체에서 영화의 톤 앤 매너가 나오거든요. 어떤 이들은 이 영화가 '할머니들을 대상화하고 착취했다'고 하는데, 전 절대 그렇게 생각하지 않아요. 카메라를 바라보는 주인공들의 시선과 태도를 보면 감독이 이들과 어떻게 관계 맺었는지가 보이거든요. 영화는 감독을 닮는다고 저는 믿어요. 할매들이 이렇게 명랑하고 따뜻하게 표현되었다는 것은 감독과 할매들의 관계가 그랬다는 얘기거든요. 숨길 수도 그런 척할 수도 없는 거예요. 그분들은 연기자가 아니니까요. 감독님과는 이번이 처음이었는데 참 잘 맞았어요. 저는 저를 전적으로 믿어주는 사람이랑 일할 때 시너지가 더 많이 생기거든요. 홍보마케팅은 클라이언트인 제작사나 감독의 오케이가 없으면 어떤 것도 진행할 수가 없어요. 예고도 포스터도 카피도 기사도. 그런데 저를 믿어주면 제가 힘있게 일에 몰두할 수 있거든요. 만약 제가 1안, 2안, 3안 이렇게 대안을 만들면서 일해야 하면 저는 힘이 빠지죠. 딱 맞는 게 있는데 대안을 만들려고 시간을 써야 하니까요. 그런데 김재환 감독은 그런 게 없었어요. 〈칠곡 가시나들〉의 홍보마케팅 콘셉트를 확정하고부터는 이

견 없이 직진. 믿고 갔어요. 영화가 너무 좋았으니까. 저도 제 감으로 밀고 가면 된다고 생각하기도 했고요."

영화에도 운명이 있다

〈칠곡 가시나들〉은 다큐멘터리 〈트루맛 쇼〉, 〈MB의 추억〉의 김재환 감독의 다섯 번째 장편 영화다. 칠곡의 할머니들과 3년을 함께하며 촬영을 하고 2019년 초 '어렵게' 개봉했다. 어렵게 개봉했다고 강조하는 이유는 다큐멘터리 영화의 개봉은 진짜 하늘의 별 따기이기 때문이다. 2018년 기준으로 살펴보면 개봉된 116편의 독립·예술영화 중 30편만이 다큐멘터리다. 다큐멘터리의 경우 개봉이라는 단계를 거칠 수 있다는 것만으로도 충분히 부러움을 살 만한 상황이다. 하지만 개봉 이틀 만에 김재환 감독은 CGV 아트하우스와 메가박스 상영을 보이콧하겠다고 밝혔다. 굴욕적인 조건으로는 두 극장에서 상영하지 않겠다는 뜻이었다.

업계에서 가장 힘센 자가 최소한의 금도를 지키지 않고 돈만 좇을 땐, 교만의 뿔을 꺾어 힘을 분산시킬 룰을 만들어야 합니다. 투자 배급과 극장의 고리를 법으로 끊어주면 좋겠지만 CJ를 사랑하는 국회의원들은 전혀 그럴 생각이 없어 보입니다. 그냥 제가 할 수 있는 일을 하겠습니다. CGV가 정한 모욕적인 룰은 거부합니다. 2월 27일 전국 CGV에서는 〈칠곡 가시나들〉을 만날 수 없습니다. 그래도 CGV다, 적은 수의 스크린이라도 받는 게 낫다, 조언해준 분도 있었지만, 투자자가 없으니 손익분기점에 대한 부담도 없습니다. 우리 영화의 운명은 우리가 결정하겠습니다. CGV OUT! CGV, 넌 내 인생에서 아웃!

– 김재환 감독의 성명서 중 일부

CGV와 메가박스는 우리나라 전체 스크린 3,200여 개 중 약 70%를 점유한 거대 극장 체인이다. 그러니 누가 봐도 말이 안 되는 결정이었다. 우리나라에서 두 극장 체인을 빼고 나면 뭐가 남는다고 보이콧을 하겠다는 건가! 오죽하면 제 심장에 칼을 겨누었을까 싶었다. 영화가 상영되는 스크린 수가 많다는 건 그만큼 관객들이 볼 수 있는 확률이 높다는 것이다. 그런데 보이콧이라니. 이 영화의 마케팅과 홍보를 맡은 이들은 속이 타다 못해 바스러질 지경이 아니었을까.

"사실 많은 독립영화 감독들이 김재환 감독의 보이콧 성명서를 보고 박수를 쳤을 거예요. 다들 그렇게 말하고 싶죠. '됐어요. 됐으니까 그렇게 갑질할 거면 나도 내 영화 거기서 안 틀어요!' 이러고 박차고 나가고 싶을 테지만 극장 개봉에 있어, 다큐멘터리 감독들은 '슈퍼 을'이에요. 절대로 못 이기는 구조죠. 억울해도 참아야 몇 개관에서만이라도 자기 영화를 상영할 수 있으니까요. 그러니까 이 구조와 횡포가 불합리하다고 인식하면서도 누구도 감히 나서서 말을 못하죠. 근데 김재환 감독이 그걸 했어요. 매번 절절매던 슈퍼 을이 슈퍼 갑에게 '싫어!'라고 한 거예요."

김재환 감독은 〈칠곡 가시나들〉을 CGV에서 상영하지 않겠다고 성명서를 제출하면서 그들에게서 받은 극장 운영 계획서를 공개했다. CGV의 전국 159개 영화관, 1,182개 상영관 중 〈칠곡 가시나들〉에게 열어준 극장은 8개 상영관, 그것도 아침저녁 아무 때나 한두 번 틀어준다는 '퐁당퐁당' 상영이었다. 개봉 첫 주에 8개 상영관이라니. 아무리 충성도 높은 다큐멘터리 애호가라도 결코 쉽지 않은 미션이다.

하늘이 무너져도

사회적 임팩트를 만들기 위해서 필수 조건은 영화에 대한 가시성, 접근성이다. 누군가 영화를 보고, 함께 이야기 나누고 새로운 담론들이 만들어질 때 영화의 사회적 영향력은 완성된다.

– 박채은, 『독립예술영화 유통·배급 체계 구축 전략』,
KOFIC 이슈페이퍼 (2019. 5)

책이 읽혀야 하는 것처럼, 영화 역시 누군가 봐 주어야만 한다. 너무나 당연한 전제임에도 불구하고 스크린의 구조적 독과점 속에서 다큐멘터리는 설 자리가 없다. 2017년 〈여

배우는 오늘도〉로 데뷔한 문소리 감독의 표현처럼 '별점은 많은데 극장은 없다'. 그래서 다큐멘터리는 더욱 홍보와 마케팅이 중요하다. 한 사람에게라도 더 알려야 한다. 홍보를 맡았던 사람들은 얼마나 눈물겨운 투쟁으로 홍보전을 펼쳤을까? 그야말로 만주벌판을 달리는 독립운동가의 마음으로 영화를 알리지 않았을까.

> "저야 문을 열어주는 극장이 많으면 좋죠. 홍보마케팅을 하는 사람 입장에서는 천군만마를 얻는 상황이에요. 그럴 땐 아, 나만 잘하면 되겠구나! 이런 생각이 들죠. 근데 감독이 보이콧을 발표했단 말예요. 그럼 어떻게 하냐? 저는 그 상황에서 또 최선을 다해서 이걸 어떻게 홍보에 활용할 거냐 궁리를 하죠. 악재를 이용하는 것도 홍보의 한 방법이니까요."

한국영화 2억 관객 시대라고 하지만, 독립·예술영화는 여전히 춥고 배고프다. 대부분의 다큐멘터리는 아무리 영화제에서 상을 받고 좋은 평을 받는다 한들 관객을 만날 수가 없다. 아이러니하지만 그것이 현실이다. 〈칠곡 가시나들〉 사건에서 드러났듯이 관객이 찾아갈 수 있는 극장이 너무 적다. 가끔 관객과의 대화에 모더레이터(진행자)로 참여할 때가 있다. 그때마다 심심치 않게 듣는 말은 "이 좋은 영화가 왜 이렇게 홍보가 안 됐어요?"라는 것이다. 그럴 때면 관객들에게 감독도 혼나고 덩달아 사회자인 나까지 혼이 나곤 한다. 하지만 그만큼 독립영화들은 홍보할 비용이 적고, 그래서 기회가 없다.

조계영 대표는 오히려 악재를 이용하기로 했다. 그렇게 해서라도 영화를 세상에 알려야 했다. 그것은 세상에 흩어져 있는 다큐멘터리 관객들에게 보내는 '봉화' 같은 것이었다. 일종의 신호탄이었다.

"보이콧 기사를 내보내고 독립영화에 애정을 가진 마니아들의 반응을 기다렸어요. 어차피 멀티플렉스 극장보다는 작은 극장들에 더 어울리는 영화니까요. 그런데 다행히 멀티플렉스 중 롯데시네마는 〈칠곡 가시나들〉에 호의적이었어요. 경쟁 극장 두 곳이 상영을 안 하니 오히려 이례적으로 상영관을 더 많이 열어줬죠. 대부분의 독립·예술영화관들도 〈칠곡 가시나들〉에 스크린을 내어줬고요. 그래서 개봉 첫 주 120여 개 상영관에서 시작했고, 개봉 4일 만에 관객 수 2만을 돌파했죠. 적당한 규모였다고 생각해요."

보도자료가 나가자 여기저기서 응원이 시작됐다. 〈'칠곡 가시나들' CGV 보이콧이 쏘아올린 스크린 논란〉, 〈칠곡 가시나들, 멀티플렉스 횡포에 경종을 울리다〉 같은 기사가 올라왔고, 독립영화 상영의 불공정에 대해 잘 알지 못했던 사람들까지도 독과점과 편파적 상영을 둘러싼 문제에 대해 알게 되었다. 〈칠곡 가시나들〉은 단숨에 골리앗에 맞서는 다윗이 되었다. SNS에는 '꼭 보아주리라!'는 응원이 물결쳤고, 유일한 멀티플렉스 상영관인 롯데시네마와 독립·예술영화관으로 관객들이 모였다. 물론 조계영 대표의 자신감처럼 작품도 좋았다. 3월 4일에는 김정숙 여사가 독립영화 전용관인 필름포럼에서 영화를 보면서 더욱 힘을 얻게 되었다. 〈칠곡 가시나들〉은 전국 138개 스크린에서 상영 9일 만에 3만 관객을 돌파한 뒤 최종 관객수 4만 2,450명으로 그해 국내 다큐멘터리로는 4위를 기록했다.

제작 예산이 큰 상업영화라면 홍보와 마케팅이 나뉘져 있지만, 예산이 적은 다큐멘터리에서는 홍보와 마케팅을 따로 나눌 여력이 없다. 그렇다 보니 홍보와 마케팅이 같이 간다. 홍보와 마케팅을 시작하는 시점도 영화가 다 완성되어 개봉이 확정되고 나서부터다. 상업영화들이 제작 단계부터 홍보와 마케팅에 들어가는 것과는 많은 차이가 있다. 주로 배급사에서 홍보마케팅 의뢰가 오면 그때부터 콘셉트를 잡고 홍보 전략을 짠다. 포스터와 예고를 제작하고 카피를 쓰고 언론배급 시사회와 VIP 시사회, 관객과의 대화 일정을 계획한다. 그 사이사이 기사를 작성하고 배포하는 일, 방송이나 라디오, 신문, 잡지들과의 인터뷰 일정 잡기, 매체 광고…. 이 일련의 과정이 모두 한 편의 영화를 개봉하기 위해 필요한 일들이다. 대체 그 많은 일들을 어떻게 준비하고 또 척척 해나가는 것일까?

　　　　　　　　　　　　　　　　　　홍보마케터의 마음

다정도 병인 사람

"이것저것에 관심이 많아야 해요. 여러 가지 중에서 훨씬 더 관심이 많은 걸 파고 있으면 된다는 게 제 생각이에요. 저는 덕후랄까? 뭐든 꽂히는 게 있으면 깊게 파는 스타일이에요. 특히 다큐는 세상과 사람에 관심이 많아야 해요. 그게 없으면 이쪽 일을 못한다고 생각해요. 사람이 전부거든요. 그리고 세상에 대한 촉과 관심이 많은 사람, 열려 있는 사람이어야 해요. 한마디로 세상이 궁금해 못 살겠는 그런 사람이어야 하죠."

조계영은 광고디자인을 전공했다. 대학에서의 전공이 직업과 연결되는 사람이 과연 몇 퍼센트나 될까마는, 그는 다른 생각을 하지 않았다. 그저 광고가 좋으니까 광고를 해야겠다고 생각하고 졸업 후 광고회사의 그래픽 디자이너로 입사했다. 하지만 좋아하는 것과 일하는 것은 달랐다. 재미도 없는데 힘들기까지 했다. 인생을 다시 생각해봐야 했고 그러려면 시간이 필요했다. 회사를 그만두고 프로야구 원년 '베어스' 팀의 연고지이자 자신의 고향인 대전으로 돌아갔다.

"그때가 IMF 직후였어요. 1998년 가을. 마침 아버지가 한창 유행인 스티커 사진 가게를 대전에서 시작하셨죠. 그냥 심심풀이로 도와드리기 시작했는데 이게 묘하게 적성에 맞았어요. 서비스 알바를 한 번도 해본 적이 없는데, 내가 이 업종에 최적화된 인간이라는 걸 그때 깨달았죠. 인사성도 밝았고요. 매우 친절한 가게 직원이었죠. 손님도 많고 장사도 잘됐어요. 처음으로 집안일을 돕는다는 것에 대한 책임감과 데드라인이 있는 업무가 주는 압박감에서 해방된 것이 좋았던 것 같아요. 상경해서 2년간 홀로 하숙 생활을 하다가 돌아왔으니 '집밥'이 주는 안도였을지도 몰라요. 2년을 하기로 했는데, 아버지의 부탁으로 1년을 더 했어요. 근데 3년을 하고 나니까 탈출하고 싶어졌고, 다시 뭔가 시작하고 싶단 생각이 들었어요."

다시 일을 시작해야겠다고 생각했을 때 처음 깨달은 것은 '손을 놓은 지 오래됐단 것'이었다. 다시 시동을 걸어줄 무언가가 필요했다. 설마 다시 돌아갈 일이 있을까 했던 학교로 돌아가 대학원 공부를 시작했다. 그즈음 '영화 〈박하사탕〉을 좋아하는 사람들의 모임'에 참여하게 됐다. 친목 중심의 모임은 '박하사탕 영화제'가 되어 해마다 개봉일을 기념해 〈박하사탕〉을 함께 보았다. 7년 가까이 그랬다. 같은 걸 좋아하는 사람들끼리의 만남은 기쁨 그 자체였다. 무언가를 좋아한다는 것만으로 서로 의지하고 이해하고…. 그냥 보기만 해도 마음이 척척 통하는 좋은 만남이었다. 뭔가 나누고 싶고 주고 싶었다. 그래서 조계영 대표는 아버지의 스티커 가게 기념품을 총동원해 굿즈를 만들어서 가기도 하고 해마다 영화제에 대한 새로운 아이디어를 내기도 했다. 아마도 그의 머릿속에서 재미난 아이디어들이 퐁퐁 샘솟아 견딜 수 없었으리라.

홍보마케터의 마음

조계영,

홍보마케터의 마음

"아마 그때 〈박하사탕〉 제작자인 이스트필름의 명계남 대표가 저를 눈여겨보신 것 같아요. 서울에서 대학원을 다니고 있을 때 였는데, 함께 일해보자고 하셨어요. 영화사 기획팀에 들어가 이 런저런 시나리오를 읽고 책도 읽으며 영화 기획이라는 걸 했지 요. 〈살결〉이라는 영화의 제작부도 했고, 몽골 올로케이션 영화 의 제작부로 몽골에도 가고 그랬죠. 그렇게 6년을 이스트필름에 서 보냈어요. 이후 '라이필름'이라는 영화사를 거쳐 '영화사 스폰 지'에서 온라인 마케팅을 시작했죠. 이스트필름에서 일하던 시절 에 한겨레문화학교, 여성영화인모임 등의 프로듀서 강좌, 홍보마 케팅 강좌를 열심히 들었어요. 늘 마음속으로 영화 홍보마케팅을 꿈꿨던 것 같아요. 나중엔 영화 홍보로 출발한 프로듀서가 되어 보잔 생각도 했을 거예요. 여튼 그렇게 감독과의 커뮤니케이션, 기획, 제작, 홍보 수업을 자연스레 받게 되었죠. 중간에 몇몇 훌 륭한 인생의 사수, 멘토들을 만났어요. 그분들의 가르침으로 영 화를, 영화하는 사람들을 사랑하게 된 것 같아요. 그때는 잘 몰랐 는데, 그렇게 늘 관심을 두고 꾸준히 공부하다 보니 어느 날 기회 가 왔을 때 바로 그 일을 시작하게 된 거예요. 영화 홍보마케팅이 라는 일을."

그는 그 후 인디스토리에서 7년을 일하며 100여 편의 영화를 홍보마케팅했고, 울주세계산악영화제의 첫 시작을 함 께했다. 2015년 첫 번째 영화제 '프레페스티벌'을 무사히 치 른 뒤 다음해엔 딱 7개월을 쉬고 다시 서울로 돌아왔다. 자신에게 진짜 맞는 일, 맞는 사람들이 어떤 방향인지 그때 알았다고 한다. 주어진 일을 즐겁게 또 열심히 했을 뿐인데 도착하고 보니 영화라는 큰 강물 앞이었다. 같이 일했던 사람들과 도모해 '필앤플랜'을 만들었다. 첫 영화는 〈나홀로 휴가〉라는 극영화였다. 〈작은 형〉, 〈뚜루: 내 생애 최고의 49일〉 같은 영화들을 지나 여섯 번째 영화가 바로 〈노무현입니다〉였다. 2017년 1월, 1차 편집이 나올 때쯤 홍보마케팅과의 미팅이 있었다. 그때 조계영 대표와 처음 인사를 나누었다. 편집본을 보고 이야기를 나누었는데 홍보마케팅을 담당한 사람으로서 영화에 무엇이 필요한지 딱딱 짚어주었다. 2002년 현장의 분위기가 어땠는지, 그때 '노무현'이라는 이름이 가진 힘이 무엇이었는지 조목조목 이야기해주어 이해가 쉬웠다. 현장에 있어보지 못했던 감독과 나는 남겨진 기록으로만 현장을 이해하는 데에 한계가 있었다. 그런데 그가 그 빈틈을 메워준 것이다.

"이 영화는 무조건 내가 한다, 잘해야 한다, 잘할 수 있다, 이런 마음이었어요. 배급사 대표님은 내가 노무현 대통령과 관련이 있는 것을 전혀 몰랐을 텐데, 이게 저한테 온 것도 운명 같다는 생각을 했어요. 저는 공식 노사모는 아니었지만, 노사모 제일 일꾼 명계남 대표를 영화사 대표로 모시고 있었기에 당시 영화사 사무실에 들고나는 노사모 회원들을 엄청 자주 보았어요. 편집본을 보니까 거의 다 아는 얼굴인 거죠. 여전히 명계남 대표와는 가깝

홍보마케터의 마음

조계영,   206

홍보마케터의 마음

게 교류하고 있었기 때문에 홍보마케팅에 시너지가 많이 났어요. 박자가 딱딱 맞았다고나 할까요. 신나게 일했어요. 감독과의 대화, 이벤트도 참 많이 했죠. 관객이 막 늘어나니까 신도 나고 무섭기도 하고 그랬어요."

다큐멘터리를 만들면 돈을 벌 수 있나요?

〈마리안느와 마가렛〉을 본 후 중학교 3학년 관객이 던진 질문이었다. 주제도 좋고 영화도 참 좋은데, 이걸 만들어서 돈을 벌 수는 있냐는 뜻이었다. 물론 아니라고 답했다. 아이들이 웃었다. 나는 이렇게 말을 이었다. "큰돈을 벌 수 없으니까 오히려 하고 싶은 이야기를 할 수 있는 거예요."

투자자가 있고 수익을 내야 하는 상업영화라면, 어떻게 하면 관객이 많이 들까를 궁리해야 하겠지만 대부분의 다큐멘터리는 그렇지 않다. 투자자도 없고 돈을 벌기 위해 만드는 영화도 아니기 때문에 진실에 더 가까이 갈 수 있는 힘이 있다. 돈을 벌지 못해서 나는 다행이라고 생각한다.

돈이 안 되는 일이기 때문에 어지간한 뚝심이 아니고서는 감히 시작하겠다는 엄두도 내지 못한다. 시작을 했다가도 포기하고 만다. 1, 2년 안에 끝나는 일도 아니고 명예가 생기는 일도 아니다. 현장에 카메라를 들이댔다가 욕을 먹기도 하고 야속하다는 소리도 듣는다. 그래서 처음 먹었던 마음, 기록하여 전달하고자 하는 주제 하나만을 붙들고 감독들은 사투를 벌인다. 그렇게 만든 영화를 '퐁당퐁당' 상영해주겠다는 거대 극장에게 '우리 영화의 운명은 우리가 알아서 하겠다'고 답할 수 있는 것도 그런 이유에서다. 그러니 다큐멘터리를 관객들에게 알려야 하는 사람의 입장 또한 상업영화와 다를 것이다.

"근본적으로 홍보나 마케팅은 잘 보이게 해서 사람들을 더 많이 끌어들여야 하잖아요. 그런데 그 마음으로 독립영화, 다큐멘터리를 대하면 안 된다고 봐요. 상업영화는 영화가 어떻게 보이는가에 중점을 둔다면, 독립영화는 이 영화가 어떤 영화인가를 알리는 데 중점을 두죠. 한마디로 '후킹(Hooking, 낚아채는 행위)'하지 않는 거예요. 너무 포장을 하면 감독님이 이 영화는 내 영화가 아닌 거 같다고 그래요. 장률 감독님의 〈군산: 거위를 노래하다〉를 할 때였는데 예고편 시안을 보고 감독님이 '이거 내 영화 아닌 거 같은데…' 그러셨어요. 솔직히 상업영화는 예고편이 재밌으면 되는데 독립영화는 본질을 따져요. 그때 제가 그랬죠. '감독님, 저 독립영화하는 사람이에요.' 그럼에도 불구하고 독립영화는 감독의 의도를 충분히 배려해서 마케팅의 전략을 세우고, 진행해요. 당연히 예고편도 그 안에서 고민해서 만들어요. 그게 상업영화를 할 때와 독립영화를 할 때의 작은 차이 같아요."

영화를 제작하는 감독이나 작가의 입장에서는 관객들에

게 진심이 전해지는 것이 최우선이다. 개봉을 하게 되면서 행여 그 마음이 달라질까 겁을 내기도 하고 애써 고집을 부리기도 한다. 더 많은 사람이 영화를 보면 좋지만 그렇다고 해서 '입맛'에 맞게만 만들 수는 없는 일이다. 이미 벌어진 사건에 시각을 담으면서도 흥미를 갖고 따라갈 수 있는 이야기의 구조를 갖춰가는 것, 그것이 다큐멘터리 후반 작업의 일이다. 그 과정에서 제작진이 끝까지 붙들고 있는 것은 다큐멘터리가 말하고자 하는 주제다. 개봉을 하고 상업적일 수밖에 없는 '홍보와 마케팅'의 영역이 영화 속으로 들어오더라도 놓치면 안 되는 것들이 있기 때문이다. 어쩌면 겁이 나서일 수도 있다. 그런데 자진해서 본인이 '독립영화하는 사람'이라고 말해주는 사람이라면 손잡을 수 있다. 아니, 그 손이 힘이 된다. 홍보와 마케팅을 하면서도 영화의 본질을 염두에 둔다는 그의 말은 든든하다. 관객들도 그 마음을 알아주면 좋겠다. 조계영이 좋은 영화라고 하면 믿고 보는 것, 그것이 그의 안목이고 힘이니까 말이다.

"감독이나 프로듀서, 작가에겐 작품이 남겠지만 저에겐 '사람'이 남아요. 제작진이 열심히 만든 영화를 관객들에게 홍보하고 마케팅하는 동안에는 저도 그 작품이 제 것이라고 생각하거든요. 그러다가 극장에서 상영이 끝나고 나면 작품은 만든 분들에게 돌아가죠. 저는 바로 다음 작품을 또 만나요. 그렇게 되니까 사람만 남더라고요. 저한테는 그게 다큐하는 마음 같아요."

조계영 홍보마케터가 추천하는
내 인생의 다큐멘터리 영화

워낭소리 (2009)
처음 이 영화를 스크리너로 봤을 때의 기억이 생생하다. 흥행을 예감하긴 했지만, 영화의 반향은 상상 이상이었다. '독립영화'라는 말이 공중파 9시 뉴스에 언급되고, '대체 독립영화가 뭐냐'는 일간지 기자의 전화를 받은 첫 영화였다.

아버지의 이메일 (2014)
지금까지 꽤 많은 다큐멘터리의 홍보를 맡았지만, 개인적으로 내게 가장 깊은 성찰을 안겨준 작품이다. 그전까지 한 번도 궁금한 적 없던 내 아버지의 역사가 궁금해졌고, 한 인간으로서의 아버지를 처음 생각했다.

주희, 수입배급자의 마음

"저는 뭐든 글로 써야 머리에 입력이 돼요.
힘들 때마다 제가 지나온 흔적들을 보며
다시 힘을 얻습니다."

"난민을 반대한다!"

"가짜 난민 GET OUT"

"국민이 먼저다!"

– 2018년 예멘 난민 반대 관련 구호

두말할 나위도 없었다. 제주를 건너온 '난민혐오'는 순식간에 나라를 뒤덮었다. 거기엔 어떠한 이해도 동정도 논리도 존재하지 않았다. '가라', '오지 마라', '내가 낸 세금 한 푼도 축내지 마라'. 난민을 반대하는 이들이 내세운 구호는 그야말로 단호한 거부였다. '우리도 한때 난민이었다'며 그들을 이해시키려던 사람은 공감 대신 '악플' 세례를 받았다. 난민에 대한 사회적 담론을 만들기도 전에 혐오만 무성해졌다. 나라는 둘로 갈라졌고, 그것을 바라보는 내 마음도 쪼개질 듯 아팠다. 문화의 다양성은 고사하고 막무가내로 선을 긋고 혐오를 퍼트리는 이들과 어떻게 대화를 시작해야 할지 막막했다. 당시 스무 살과 열다섯 살인 두 아이에게 이 현상을 설명하는 것도 쉽지 않았다. 난민을 설명하는 것보다 난민을 두고 '포비아'에 가까운 혐오와 구호가 서슴없이 난무하는 현실을 설명하기가 더 어려웠다.

그해 여름, 영화를 전공하는 큰아이는 제주도의 한 농장에서 아르바이트할 기회를 얻었다. 그곳에서 예멘 난민을 만났고 그들과 함께 농장일을 하며 숙소 짓는 일을 도왔다. 일주일간 제주도에서 일하고 집으로 돌아온 아이는 완전히 달

수입배급자의 마음

라져 있었다. 인터넷이나 TV, 거리에서 보고 들은 차별적인 표현들이 사실이 아니란 것을 누구보다 잘 알게 되었다. 알고 나니 이해하게 되었고, 이해하니 그들과 연대하고자 했다. 나는 그것이 희망이고 힘이라고 생각했다. 세상은 그렇게 알아가는 것이고 넓혀가는 것이리라. 그 뒤로 우리 가족은 〈화이트 헬멧〉과 같은 시리아 내전에 대한 다큐멘터리를 접하며 난민에 대해 조금씩 더 알게 되었다. 그리고 2019년 늦여름, DMZ 국제다큐멘터리영화제에서 〈사마에게〉를 보았다.

그로부터 몇 달 뒤 〈사마에게〉는 국내에서 정식 개봉되었다. 화제를 불러일으키거나 작품성을 인정받은 다큐멘터리는 영화제를 통해 소수의 관객과 만날 수 있다. 하지만 '개봉'은 다른 문제다. 더구나 외국 작품이다. 누군가 그 영화를 사서 배급을 해야만 한국 관객들과 만날 수 있다. 그 일을 하는 사람이 바로 수입, 배급자이다. 〈사마에게〉를 수입, 배급한 '엣나인필름'의 주희 이사에게 영화의 첫인상을 물었다.

"2019년 칸에서 처음 봤어요. 이미 영화에 대한 소문을 듣고 갔기 때문에 가장 기대했던 영화였어요. 첫 느낌은… 어떻게 이런 영화가 만들어지지? 하는 놀라움이었어요. 엄마이자 감독인 와드의 용기에 감복할 수밖에 없었어요. '이 영화야말로 전쟁과 가장 가까운 모습을 담았다' 생각했어요. 당시 한국에도 난민 이슈가 있었잖아요. 전 이 영화를 통해 난민에 대해 충분히 설명할 수 있다고 봤어요. 사실 전혀 알려지지 않은 감독의 작품이라 국내에서는 경쟁이 치열하진 않았던 것 같아요. 저희는 미리 정보를 가지고 갔기 때문에, 가서 보고 바로 영화를 샀죠."

저는 사람들이 〈사마에게〉가 개인의 이야기이자 나와 내 가족에게 어떤 일이 일어났는지 보여주는 한편, 우리의 경험이 평범하지 않다는 것을 이해하길 바랐습니다. 수백 수천 명의 시리아인들은 같은 경험을 하며 지금도 겪고 있습니다. (…) 저는 도시와 사람들 그리고 우리의 친구들을 향한 무거운 책임감을 느낍니다. 그들의 이야기를 정확하게 전달함으로써 그들이 절대로 잊히지 않고, 그 누구도 우리가 어떤 일들을 겪으며 살아왔는지 그 사실을 왜곡할 수 없기를 바랍니다.
— 〈사마에게〉, 와드 알-카딥 감독의 편지에서

관객을 만나기 위한 계획 그리고 전략

영화의 크레디트를 끝까지 보는 사람이라면 '배급', '제작'이란 용어가 익숙할 것이다. 배급은 말 그대로, 영화로 만들어진 작품을 수용자인 관객에게 전달하는 일을 말한다. 다큐멘터리 영화는 거의 90%가 영화제를 통해 관객과 만나기 때문에 개봉의 기회를 얻었다면 그것만으로도 작품성과 대중성을 인정받았다고 할 수 있다. 하지만 아무리 잘 만들어진 영화라도 '배급'이 제대로 되지 않으면 관객을 만날 방법이 거의 없

수입배급자의 마음

다. 영화의 배급은 주로 극장을 통해 진행된다. 극장 외에도 IPTV, VOD, OTT, 인터넷, 공중파나 케이블 방송, 해외 배급 등이 있는데, 이는 부가판권이라 하여 메인 배급사 외에 별도의 배급사를 두기도 한다.

"배급사가 하는 일은 작전을 짜는 것과 같아요. 한 편의 영화가 있을 때, '이걸 어떻게 보여줄까?', '관객들과 어떻게 만나게 해주는 것이 이 영화에 가장 좋을까?' 그 고민으로 계획을 짜고 실행하는 거죠. 그리고 작품에 맞는 배급 규모를 결정해서 어떻게 하면 수익을 낼 수 있을지 계획과 전략을 세우는 거예요. 근데 처음 개봉하는 감독님 같은 경우엔 아주 이상적인, 혹은 흥행에 성공한 영화의 공식을 따르고 싶어해요. 〈벌새〉나 〈님아, 그 강을 건너지 마오〉처럼 하고 싶으신 거죠. 하지만 영화 흥행은 배급만 잘한다고 되는 것이 아니에요. 어쩌면 온 우주의 힘이 모아져서 이루어지는 것 같아요. 결코 저희 손에서만 이뤄지는 게 아니죠. 그래서 가능하면 영화의 특징이나 시장상황 같은 여러 요소를 고려해서 최적의 배급 전략을 세우려고 해요."

대부분 해외 작품을 수입할 때는 마켓이 열리는 영화제에 참석해 그곳에서 영화를 사온다. 하지만 정작 영화는 보지 못하고 사는 경우가 많다. 보고 사면 늦기 때문이다. 바이어들끼리 작품에 대한 경쟁이 붙기 때문에 가격이 너무 올라갈 수도 있다. 그래서 잘 알려진 감독의 작품일 경우엔 캐스팅과

포스터, 트레일러 정도만 보고 수입을 결정한다. 〈사마에게〉는 수입부터 치밀한 전략이 필요한 영화였다. 〈사마에게〉를 수입하는 데 이견은 없었다. 하지만 한국의 시장상황과 국민적 정서를 고려했을 때 배급 방식, 홍보마케팅에 대한 고민이 필요했다.

"히잡을 쓴 여자, 난민 얘기. 이걸 맨 앞에 내놓지 말자는 의견이 있었어요. 이 영화를 전달하는 방식에 거부감이 들 만한 요소를 빼야 관객들이 극장까지 올 것이라고 했죠. '그렇다면 모성, 전쟁 속의 엄마 얘기로 가자!' 싶었어요. 그래서 개봉 전에는 난민 얘기를 적극적으로 하지 않았어요. 오히려 모성에 더 초점을 맞췄죠. 그러다 영화가 개봉되는 시점에서야 난민 얘기를 했어요. 그렇게 준비를 해서 내놓았는데, 1만 6,000명 정도 관객이 들었어요. 손익을 떠나서, 이 영화의 가치를 좀 더 높게 생각했던 저로서는 안타까웠어요. 사실 사회적 파장이 클 줄 알았는데 별로 크지 않았어요. 더 많은 관객이 봤으면 좋았을 텐데 싶었죠. 근데 주변에선 난민, 전쟁 다큐멘터리에 그 정도 관객이 든 것도 대단하다고 해요."

사회적 파장은 오히려 예상치 못한 작품에서 터져나왔다. 시간을 거슬러 2016년으로 가보자. 때는 박근혜 정부, 세월호가 가라앉은 지 2년이 지났고, 문화예술계의 블랙리스트가 완성되고, 사회 여기저기에서 균열이 생기던 즈음이었다.

　　　　　　　　　　　　　　　　　　수입배급자의 마음

방송은 언론으로서의 역할과 기능을 상실한 지 이미 오래였다. 국민들이 쉽게 접근할 수 있는 TV에서도 다큐멘터리와 탐사보도가 사라진 암흑의 시대였다. 그때 〈자백〉이 나왔다. '대한민국을 바꿔라'라는 카피를 들고 나온 〈자백〉은 MBC 〈피디수첩〉의 피디이자 노조를 이끈 중심세력으로 해고된 최승호 피디가 〈뉴스타파〉에서 만든 다큐멘터리 영화였다. 그로부터 불과 1년 뒤에 대통령은 탄핵되지만 본디 해가 뜨기 직전이 가장 어두운 법. 돌이켜보면 2016년은 가장 춥고 어두웠던 시기였다. 그때 용감하게 〈자백〉을 배급한 곳이 '엣나인필름'이었다.

"〈다이빙벨〉을 공동 배급한 '시네마달'과 함께 배급을 했어요. 저희 회사는 이미 〈다이빙벨〉 때문에 블랙리스트에 올라간 상태였어요. 저희뿐 아니라 문화예술계 전체가 숨통이 딱 막혀 있던 때였죠. 여러모로 힘들었어요. 근데 오히려 대표님은 판을 크게 가자고 했어요. 판을 크게 벌인다는 건 홍보마케팅을 더 적극적이고 공격적으로 한다는 거예요. 그건 다시 말하면 그만큼 홍보마케팅 비용이 많이 들어간단 뜻이거든요. 사실 저는 반대했어요. 이명박 정권에서 벌어진 간첩 조작 사건이지만 결국 박근혜 정권을 비판하는 영화거든요. 근데 대표님은 신념이 있었어요. '표를 다 사서라도 꼭 보게 해야 한다'는 의지가 있었죠. 결국 그 마음이 통했는지 사회적으로 이슈가 됐고 파장이 컸어요. 개봉한 지 얼마 안 돼서 관객들이 줄을 서기 시작했어요. 152개 스크린에 영

화가 걸렸고 관객이 14만 명 넘게 들었어요. 다큐멘터리로서는
쉽지 않은 스코어죠."

제가 〈남영동1985〉를 통해 고문 피해자들을 만났는데, 〈자
백〉에도 그런 분들이 계시는 거예요. '이건 도와드려야겠다'
는 생각이 들더라고요. 그럼에도 〈자백〉은 너무 뜨거울 것 같
다는 생각이 들어서 처음에는 마케팅—배급만 총괄하고, 제 이
름이 아닌 제3의 회사를 내세워서 할 생각을 했어요. 그런데
역시나 스크린 잠기가 녹록지 않았어요. 그래서 '그냥 앞장서
서 하자'가 된 거죠.

— 정상진 엣나인필름 대표, '비즈엔터' 인터뷰에서

'엣나인필름'은 독립·예술영화 전문 수입배급제작사로
2007년 이름을 올린 회사다. 지금은 〈공범자들〉, 〈그날, 바
다〉, 〈김복동〉, 〈삽질〉처럼 정치·사회문제를 다루는 시사 다
큐멘터리에 강하다는 느낌이 들지만, 그간 작업한 영화들을
보면 '일관성이 없는 게 일관성이다'라는 주희 이사의 말에 공
감이 간다. 자비에 돌란 감독의 〈단지 세상의 끝〉을 시작으로
천재 발레리노 '세르게이 폴루닌'의 이야기를 담은 〈댄서〉를
수입하는가 하면, 인도네시아 쿠데타의 학살을 다룬 〈액트 오
브 킬링〉을 소개하기도 하고, 2018년엔 노년의 아름다운 삶을
보여주는 〈인생 후루츠〉로 잔잔한 흥행을 이끌기도 했다.
　'엣나인필름'이 다른 수입배급사와 다른 점이 있다면,

'아트나인'이라는 극장을 가지고 있다는 것이다. 전용극장이 있기 때문에 수입배급을 맡은 영화들을 우선적으로 상영할 수 있는 공간이 확보된 셈이다. 그 덕분인지 이 척박한 독립· 예술영화계에서 어쩌면 유일하게 적자를 모면하며 유지되는 영화사기도 하다.

> "영화를 배급하기로 결정하고 나면 먼저 규모를 정해요. 영화마다 어떻게 소구(appeal)할지, 타깃 관객이 누구인지 다 다르거든요. 쉽게 말하면, 단기간에 많은 극장으로 넓혀야 하는 영화가 있고, 작은 극장에서 오랫동안 시간을 두고 열어줘야 하는 영화가 있어요. 홍보하는 방법도 마케팅하는 방식도 다 다르죠. 그게 배급사가 하는 일이에요. 〈자백〉처럼 현재진행형으로 시의성이 있는 영화는 단기간에 많은 관객이 보게 하는 게 좋죠. 시사성 있는 다큐멘터리이기 때문에 여론이 일어나고 관객의 관심도 많아지면 극장도 늘어날 수 있거든요. 그런가 하면 〈댄서〉 같은 영화는 예술영화를 좋아하고 지적 호기심이 많은 관객들이 소문을 듣고 올 때까지 기다려줘야 해요. 극장 수를 줄이고 대신 긴 호흡으로 기간을 늘리는 게 더 맞죠."

연기자에서 영화 전공자로

주희 이사의 특별한 이력 중 하나는 연기자, 아역 배우 출신이라는 것이다. 초등학교 5학년 5반을 무대로 삼은 MBC 교육 드라마 〈호랑이 선생님〉이 그의 대표작이다. 안정훈, 김진만 같은 배우들이 드라마 속 같은 반 친구들이었다. 그렇게 〈호랑이 선생님〉을 졸업하고 하이틴 배우가 되면서 자연스레 서울예술대학 방송연기과에 입학했다. 하지만 그 당시가 자신의 미래에 대해 가장 고민을 많이 한 시기였다. 그러다 1992년 일본 유학을 선택하고 영화학과에 진학해 영화이론과 평론을 공부하게 되었다. '한번 해볼까?'란 마음으로 시작한 공부였는데 이상하게 좋았다고 그는 고백했다.

"온전히 학생으로 지낸 시기였고, 학교생활을 굉장히 즐겁게 했어요. 한국에서는 연기자라는 또 다른 역할이 항상 있었지만 일본에서는 그냥 '열심히 공부하는 학생'이 제 모습이었잖아요. 그게 좋았어요. 제가 굉장히 원칙적이고 부지런한 사람이란 걸 그때 알았죠. 학교까지 두 시간 거리였는데 지각 한 번 하지 않았고 항상 맨 앞에 앉아서 수업을 들었어요. 지금도 월요일을 기다릴 만큼 일을 좋아하는데, 아마 그때도 공부를 일처럼 하지 않았나 싶어요."

가장 잘할 수 있겠다 싶은 일

"13년 동안 일본에 살면서 좋았던 일 중 하나는 작은 극장에 가는 것이었어요. 예술전용 극장, 일본에서는 미니 씨어터라고 하죠. 동네마다 하나씩 있는 작고 오래된 극장이에요. 거기 가면 흑백의 고전영화를 포함해서 언제나 저를 도발시키는 예술영화들이 항상 있었어요. 영화를 보고 나오면 충만한 느낌이 들었죠. 그때부터 영화관이란 공간에 관심을 갖게 된 것 같아요. 그리고 내가 느낀 감정을 다른 사람에게도 전해주고 싶다는 바람이 생겼어요. 다리를 놓아준다고 할까요? 좋은 영화를 골라서 관객들한테 '내가 이런 거 느꼈어요. 여러분도 느껴보세요' 얘기하고 싶었어요. 그거라면 제가 잘할 수 있겠다 생각했죠."

영화의 세상은 그렇다. 영화를 만들고 싶은 사람도 있고, 보고 싶은 사람도 있고, 또 이렇게 다리를 놓아주고 싶은 사람도 있다. 다리를 놓아주는 일은 영화제일 수도 있고 배급일 수도 있다. 영화제는 1년에 한 번 잔칫상을 차려놓고 관객을 부르는 한바탕 축제다. 그런가 하면 언제나 열려 있는 식당도 있다. 다만 그 식당에서 어떤 요리를 선보일지는 배급사가 준비한다. 한국에 돌아온 첫해, 주희 이사는 '엣나인'에 와서 여성을 위한, 여성만의 영화제를 기획했다. 그 특별한 요리의 이름은 '핑크영화제'였다.

1960년대부터 일본에서 하나의 하위문화로 자리잡은 영화 장르로 저렴한 제작비(300만 엔 내외)와 단기간(3~5일)의 촬영으로 만들어진 60분 정도 러닝타임의 B급 에로영화를 뜻한다.

주희,

적나라한 베드신이 4~5번 이상만 담기면 내용 불문, 감독의 자유가 보장됐기 때문에 오히려 통념을 뒤집고 편견을 전복하는 상상력의 산실이 됐다.

— '핑크영화'란, 핑크영화제 홈페이지

"베드신이 많이 나와서 국내에는 야한 영화로만 알려져 있는데, 단순한 에로물이 아니에요. 사실은 성에 대해 진지한 태도를 가진 영화들이죠. 그 당시 재능 있는 많은 일본 감독이 핑크영화를 통해 실험정신과 연출력을 키워 상업영화로 진출했거든요. 일본에서는 작고 구석진 극장에서 상영하는데 이걸 좀 밝은 데로 끌고 나오고 싶었어요. '남성들이 몰래 보는 영화를 우리는 당당하게 본다.' 그래서 'Only for Woman'으로 여성 관객만 입장 가능한 획기적인 상영을 했죠. 나중엔 남성분들에게 역차별이라는 항의도 많이 받았지만, 2010년까지 4년 동안 관객들의 반응은 뜨거웠어요."

"정확하고 적절한 묘사"를 하기 위해 애쓰는 것은 아름다운 글을 쓰기 위해서가 아니라, "존재와 사물로서의 지위를 확보"해주기 위해서라는 고 황현산 교수의 말을 나는 영화로 이해했다. 고유한 인생들은 하나의 생생한 영화로 이 세상에 존재한다. 그 고유성을 발견하고 새롭게 표현하는 것이야말로 독립영화의 몫이다. "자신의 삶에 내장된 힘"을 인식할 때 감독과 관객은 자신의 삶뿐만 아니라 타인의 삶에도 경외

수입배급자의 마음

심을 갖게 될 것이다. 그것은 경애하는 마음이 되고 존중하는 마음이 된다. 그런 이유로 '늘 그런' 영화, 상업적 목적을 위해 자기복제를 서슴지 않는 영화는 지양해야 한다. 새로운 표현에 대한 도전과 실험을 받아줄 수 있는 토양이 준비되어 있고 그걸 받아들일 수 있는 관객이 있다면, 영화는 늘 우리의 삶에 새로운 '바람'을 불어넣을 수 있을 것이다. 그러려면 언제나 어디서나, 새로운 것들을 만날 수 있는 공간이 필요하다. 그것이 아무리 작은 곳일지라도.

"작은 영화를 긴 호흡으로 상영하면서 그 영화를 좋아할 관객들을 불러오고 싶어요. 그런 의미에선 개인이 하기 어려운 사업이 독립·예술영화 전용 극장 사업이에요. 일반 멀티플렉스는 우리와 전혀 리그가 달라요. 훨씬 더 많은 자본과 인력이 투여되는 곳이라 상업적인 마인드로 접근할 수밖에 없죠. 수익이 나야 순환이 되기에 모든 것이 수익에 초점이 맞춰져 있다고 생각하시면 돼요. 하지만 독립·예술영화 전용 극장에서도 무인관이 나오면 계속 열어둘 수가 없는 거예요. 기다려줄 수가 없더라고요. 왜 안 되는 걸까? 언제까지 기다려야 관객이 이 영화의 진가를 알아줄까? 고민이 되죠. 사실 독립·예술영화는 입소문이 나고 관객이 극장으로 올 때까지 좀 기다려야 해요. 단 몇 명씩이라도 그 영화를 보고 위안을 받을 수 있도록 하려면 극장이 기다릴 수 있는 환경이 만들어져야 하는 거죠."

2019년 한국 영화산업 결산(영화진흥위원회)에 따르면 한국 영화시장 규모는 6조 1772억 원, 관객 수는 2억 2,668만명이다. 2013년 이후 2억 1,000만 명 규모로 정체돼 있던 것에 비해 이례적인 성장으로 기록되었다. 다섯 편의 1,000만 영화가 탄생한 해이기도 했다. 하지만 빛나는 성과 뒤에 어둠도 깊었다. 영화 배급과 상영에 있어 대작 쏠림 현상이 그 어느 때보다 심했다. 상위 세 편이 전체 상영점유율 70%를 차지했고(1위 36%, 2위 20%, 3위 13%) 〈어벤져스: 엔드게임〉은 사상 최초로 일별 상영점유율 80%를 넘기는 초유의 기록을 세웠다. 극장의 불균형도 더욱 심했던 한 해였다. 전체 극장 중 멀티플렉스 비중은 스크린 수 기준으로 93.7%였다. 관객 점유율과 매출 점유율도 각각 96.5%, 97.4%를 기록했다. 독립·예술영화 전용관은 총 76개이며 그 절반에 가까운 34개가 서울에 위치한다. 울산, 세종, 전남, 제주에는 독립·예술영화 전용관이 없는 것으로 조사됐다. 전국 기초단체별로는 극장이 아예 없는 곳이 42곳이다. 통계들의 숫자는 복잡해 보이지만 실은 이런 의미다. 이제 독립·예술영화를 보고 싶은 관객들은 점점 더 부지런해져야 한다. 얼마 없는 상영관과 상영 시간을 맞추기 위해 발품을 더 팔아야 하고 더 일찍 집을 나서야 한다. 주희 이사의 말대로 '단 몇 명'의 위안을 위해 극장은 관객을 기다려줘야 하지만, 독립·예술극장들은 천천히 찾아올 관객을 기다릴 뒷심이 없을 것이고, 관객들은 저 구석에 숨겨져 있는 독립·예술영화 상영관을 찾아내기가 쉽지 않을 것이다.

수입배급자의 마음

그런데 생각지도 못했던 '팬데믹'이 들이닥쳤다.

> '코로나19 독립영화 공동 행동'이 지난 4월 6일~12일 독립영
> 화 단체 및 기업 23곳과 개인 52명을 대상으로 실시한 코로나
> 19 피해조사에서 독립영화인 절반 가까운 42%가 코로나19
> 사태 기간 수입이 전혀 없어 기본적인 생계를 유지하기 어려
> 운 상태로 조사됐다.
>
> ─ 〈코로나 이후 문화계는〉 중 일부, 데일리안(2020. 6. 11)

세계는 순식간에 '언택트 시대'를 맞았다. 생활 속 거리
두기가 강화됐고 집 밖은 위험한 곳이 되었다. 아이들이 학교
도 가지 못하는 상황에서 극장을 찾을 사람은 없었다. 극장에
걸릴 새로운 영화도 없었다. 소나기는 피해야 하는 법. 거액의
제작비를 들였을 상업영화들은 개봉을 미뤘다. 그러다 보니
이상한 현상이 나타났다. 오히려 극장에 독립·예술영화들이
걸렸다. 〈이장〉, 〈안녕, 미누〉, 〈초미의 관심사〉, 〈결백〉.

이 영화들이 코로나에 강해서가 아니다. 더 이상 개봉을
늦출 수 없어서였다. 더 미루다가 블록버스터 영화들과 만나
게 되면 상영관을 잡을 수 없기 때문에 코로나 상황에도 개봉
할 수밖에 없었다. "독립영화는 수익을 기대하고 만들지 않으
니까요. 계속 코로나였죠. 그때도, 지금도." 독립영화인협회
고영재 이사장의 말처럼 독립영화인들에게는 어제도 오늘도
코로나 시대인 것이다.

"코로나 이후 독립영화인들은 지자체에서 지원해주는 지원금에 기대어 살게 됐어요. 우리에겐 '영진위'가 있는데 말이죠. 초반엔 놀라울 정도로 독립·예술영화나 예술영화 전용관에 대해 아무런 대책도 없었어요. 대기업조차도 셧다운으로 흔들리니까 정부도 패닉이 온 거 같아요. 영화 그 자체보다는 극장산업을 살리자는 측면에서 정책이 마련되었어요. 모두가 어려운 시기는 맞지만 이럴 때 특별히 더 작고 소외된 곳에서 영화 만드는 사람들, 특히 독립영화인들을 보호하지 못하면 한국 영화엔 미래가 없어요. 코로나가 지나가고 나면 그땐 누가 영화를 만드나요? 어디서 독립·예술영화를 트나요? 아마도 올해가 지나고 나면 영화계를 떠나는 사람, 문을 닫는 영화관들이 하나둘 생길 거예요. 영화의 다양성의 토양을 일궈온 곳, 우리에게 풍요로운 문화와 삶을 느끼게 해준 독립영화와 예술영화관이 절체절명의 위기에 처해 있는 거죠."

극장, 극장이 뭐지?

해답을 찾기 위해 본질을 물어야 할 때가 있다. 최근엔 넷플릭스 같은 OTT(온라인 동영상 스트리밍) 서비스까지 급부상하면서 극장은 존립마저 위협받고 있다. 이제 우리는 어디서 영화를 볼 것인가. 어쩌면 봉준호 감독의 〈옥자〉가 칸에서 상영이 되느냐 마느냐를 가지고 '화두'는 이미 던져진 셈이었다. 이제

수입배급자의 마음

우리는 각자 들고 있는 스마트폰으로, 거실의 커다란 TV로 영화를 본다. 게다가 '코로나 팬데믹'으로 인해 영화 관람 행태는 편리함과 안정성에 무게를 두고 변화하고 있다. 굳이 극장에 가서 봐야 할 어떤 특별함이 영화와 극장 모두에게 요구되고 있는 상황이다. 이런 혼란스런 시기에 영화란 무엇이고, 또 극장이란 뭘까?

"저는 극장에서 영화를 보는 일이 '일기일회'라는 생각을 해요. 예를 들면 그날의 날씨, 기분이나 함께 영화를 본 사람에 따라 일생 한 번의 만남을 갖는 거죠. 그런 의미에서 극장은 양질의 프로그램과 오롯이 영화에 집중할 수 있는 환경을 마련해줘야 해요. 코로나 이후엔 극장에도 많은 변화가 필요할 거예요. 일본에선 프로그램을 공유하지 않고 독점 상영하는 경우가 대부분이에요. 요즘 같은 시기에는 우리도 예전 단성사, 국도극장 시절처럼 단독으로 한 극장에서만 길게 상영하면 어떨까 하는 생각을 하곤 해요. 제가 꿈꾸는 영화적 공간이 있거든요. 멀티플렉스처럼 입구와 출구가 달라서 영화를 보고 나면 일렬로 빠져나와 주차장으로 가는 게 아니라 시간을 좀 주고 싶어요. 영화를 보고 난 감성, 경험, 이런 것들을 가슴에 담고 창밖도 보고 차도 마시고…. 독립·예술영화극장이라면 그런 경험을 관객들에게 주는 게 맞는 것 같아요. '일기일회'의 특별한 경험 말예요."

수원 화성 행궁 옆 오래된 마을에 '브로콜리숲'이라는 작은 서점이 있다. 거기서 독자들과 함께 영화 보는 모임을 몇 차례 가졌다. 이름하여 '동네책방에서 독립영화를 외치다'.

크리스토프 바타유의 『다다를 수 없는 나라』나 신형철의 『슬픔을 공부하는 슬픔』 같은 책과 윤세영 감독의 〈마리안느와 마가렛〉, 김대현 감독의 〈내 신발에게〉, 김양희 감독의 〈시인의 사랑〉 같은 독립영화를 함께 보고 이야기를 나누는 모임이었다. 책과 영화는 영혼이 닮아 있다. 전혀 다른 시대에 다른 작가에 의해 쓰인 소설이나 시가 오늘 극장에 걸리는 영화와 닮아 있음을 느낄 때가 많다. 그렇게 시간과 공간을 달리하며 세상에 나와 있는 책과 영화를 큐레이팅해주는 것이 좋았다. 소규모 모임이었지만 오신 분들은 항상 충만한 얼굴로 늦은 밤 책방 문을 나섰다. 그들의 한결같은 고백은 세상에 이런 영화가 있는지 몰랐다는 것이었다. 물론 거기엔 상업영화가 주는 짜릿한 스펙터클이나 멋진 외모의 배우, 잘 짜인 세트는 없다. 다소 거칠기도 하고 밍밍하기도 하고 느리기도 하다. 하지만 우리의 인생도 그렇지 않은가.

상업영화가 너무 남의 얘기 같다면 독립·예술영화는 나와 닮았다. 다큐멘터리에서 만나는 주인공들은 오늘 아침 내가 만났던 누군가와 비슷하거나 나의 부모를 닮기도 했다. 그런 친밀함과 평범함 속에서 우리는 놀라운 가치를 찾아낸다. 그것이 인생이고 또 다큐멘터리다. "이제 극장이 좀 더 사람과 가깝게 변하면 좋겠어요." 나는 나와 이름도 나이도 같은 주희 이사의 말에 백번 공감한다. 사람과 닮게, 사람과 가깝

　　　　　　　　　　　　　　수입배급자의 마음

게. 극장의 미래는 거기에 있을지 모른다.

"저는 한 번도 월요일이 싫었던 적이 없어요. 일이 좋아서요. 저한테 왔던 작품들이 다 너무 운명 같은 거예요. 내가 원해서 온 것이 아니고 와야 했던 거구나, 소중한 거구나. 〈인생 후르츠〉, 〈김복동〉, 〈메기〉, 〈벌새〉…. 무엇인가를 지속해서 할 수 있었던 이유는 내가 좋아하는 일이라 그런 것 같아요. 내가 좋아하는 영화를 픽업해서 마케팅을 하고 배급을 하고. '나는 너무 행복한 사람이다'란 생각이 들어요. 안 될 줄 알고 가져오는 작품은 없어요. 적어도 손해는 보지 않겠다는 마음으로 가져오죠. 1년으로 풀어보면 어떻게든 맞춰가게 되는 것 같아요. 다큐멘터리는 감독님들이 오랫동안 고생해서 만든 작품이기 때문에 최선을 다해요. 어떤 작품이든 최선을 다하긴 하지만, 특히 더 많은 관객이 볼 수 있도록 배급하려고 해요. 상대적으로 약하니까 더 마음이 많이 가요. 하나라도 더 챙겨주고 싶은 마음이죠."

주희 수입배급자가 추천하는
내 인생의 다큐멘터리 영화

위대한 작은 농장
(The Biggest Little Farm, 2018)
늘 쫓기는 업무, 한계에 다다른 건강, 사랑하는 이들과 점점 소원해지는 삶…. 바쁜 현대인이라면 누구나 비슷한 고민을 할 것이다. 이 영화는 10년 뒤 당신의 미래를 조금은 긍정적으로 바꿔 놓을 것이다. 단, 자연의 순리에 대한 믿음과 자신을 내려놓을 수 있는 용기가 있다면!

공동정범 (2018)
카메라는 용산참사 이후 고통스러운 상흔을 그대로 간직한 채 남은 자들의 모습을 응시한다. 영화를 보는 내내 카메라와 피사체 가운데서 온몸으로 그들과 함께 견뎠을 감독을 떠올랐다. "독하다, 이 감독!" 영화는 결국 그들의 트라우마를 치유하고 있었다. 이것이 바로 카메라의 힘이자 다큐의 진정한 힘 아닐까?

수입배급자의 마음

변성찬·최민아, 영화제 스태프의 마음

『다큐하는 마음』의 마지막은 '영화제 스태프의 마음'이다. 여기까지 오는 동안 우리는 영화를 직접 제작하는 프로듀서와 감독, 편집감독, 촬영감독을 만났다. 영화를 제일 먼저 보고 다리를 놓는 비평가와 관객들과 만날 수 있도록 배급하고 홍보하며 마케팅하는 이들도 만났다. 이제 영화제다. 영화제 스태프를 맨 마지막에 둔 이유는 앞에서 만난 모든 이가 다 같이 모이는 장소가 바로 영화제이기 때문이다.

영화제는 한바탕 축제다. 영화계의 다양한 이들이 1년 동안 함께 준비한 잔칫날이다. 이들은 축제 기간을 정하고 그해의 요리사들을 불러 다양한 메뉴를 준비한 다음 손님들을 초대한다. 바꿔 말하면, 영화와 관계된 각 분야 사람들이 모여 준비한 축제에 우리는 가서 즐기기만 하면 된다. 그런 영화제가 우리나라엔 참 많다. 이른봄 열리는 인디다큐페스티발을 시작으로, 서울환경영화제, 전주국제영화제, 서울여성영화제, 미장센영화제, 들꽃영화제, 무주산골영화제, 부천국제판타스틱영화제, 정동진영화제, 부산국제영화제, EBS 국제다큐영화제, DMZ 국제다큐멘터리영화제… 그리고 12월에 열리는 서울독립영화제까지. 일일이 호명할 수 없을 만큼 주제도, 지역도, 시기도 다양하다. 전국에 걸쳐 1년 내내 영화제가 열리고 있다고 해도 과언이 아니다.

『다큐하는 마음』에서 만난 영화제는 올해로 스무 살이 된 '인디다큐페스티발'이다. 영화제는 어떻게 만들어지고 준비되며 또 관객들과 만나는지, 그리고 무슨 꿈을 꾸고 있는지

듣기 위해 인디다큐페스티발의 변성찬 집행위원장과 최민아 사무국장을 만났다.

> **변성찬**(이하 변): "영화제라는 조직은 크게 집행부와 사무국으로 나뉩니다. 그해 영화제의 주제를 정해 작품을 선정하고 프로그램을 기획하는 것이 집행부의 일이라면, 영화제 준비에서부터 폐막 후 정산까지 모든 실행을 담당하는 쪽이 사무국이죠."

> **최민아**(이하 최): "사무국은 매달 해야 할 일이 있는데 본격적인 준비는 9월쯤 시작해요. 예산을 수립하고 극장을 대관하고 국내외 게스트를 초청하고 부대행사를 준비하고…. 영화제가 끝나도 정산이다 뭐다 할 일이 많죠. 집행부와 사무국 일이 분리되어 있다기보다는 사무국에서 프로그램이나 홍보 관련 일도 진행을 하니까 집행부와 서로 의견을 나누면서 실행해요."

20주년은 영화제에도 특별한 해다. 비로소 성인이 된다는 의미도 있어서 도약과 발전의 시기로 여긴다. 그야말로 '힘'을 줄 차례라, 특별한 행사를 진행하려 노력한다. 그런데 올해는 그럴 수가 없었다. 칸을 비롯한 수많은 국제영화제가 줄줄이 취소되었고 몇몇 영화제는 온라인으로 대체되었다. 세계 곳곳에서 영화제를 기다렸을 영화 팬들을 위해 칸, 베니스 국제영화제 등 20개 영화제 주관단체와 유튜브는 '위 아원(우리는 하나)'이라는 온라인 영화제를 열흘간 개최하기도 했다. '위 아 원'이 열리던 그 시기, 정확히는 2020년 5월 28일부터 6월 3일까지 서울에서는 '인디다큐페스티발'이 개최되었다. 온라인과 오프라인 동시 개최였다. 늘 3월에 시작해 '봄을 알리는 영화제'라는 별칭을 얻었지만, 올해만은 코로나로 인해 개최가 연기되어 5월 말에 개막했다.

변: "올해 새로운 시도로 온라인 상영회를 해보려고 기획하고 있었어요. 한국 다큐멘터리는 김동원 감독의 작품이 나올 즈음 등장한 '비디오' 매체를 굉장히 잘 활용했어요. 비디오를 이용해서 공동체 상영을 정착시켰거든요. 그런데 디지털이라는 새로운 매체는 아직까지 그렇게 능동적으로 활용하지는 못하는 것 같아요. 여전히 비디오 시대에 머물러 있는 거죠. 특히 배급과 상영 측면에서요. 온라인 확장에 대해 고민하던 차에 '디옵트'라는 플랫폼에서 온라인 상영을 제안해와 함께 기획을 하고 있었어요. 코로나19로 묘하게 딱 맞게 됐죠. 단편 감독들에게 먼저 의사 타진을 해서 12편을 운영했어요. 내년엔 좀 더 확대해서 진행하려고 해요. 코로나 때문에 영화제가 관객들과 온라인으로 만나는 기회를 앞당긴 것 같아요."

최: "첫 시도라 익숙하지 않은 부분도 있고 홍보가 좀 부족해서 실제 온라인 관객은 많지 않았어요. 보통 영화제 관객은 약 6,000명 정도인데, 올해 극장 관객은 약 2,000명 정도였어요. 하지만 방역지침으로 객석을 삼분의 일로 줄인 것을 감안하면 실제

점유율은 높은 편이었죠."

국내 독립 다큐멘터리의 새로운 제작자 발굴과 흐름을 주도해 온 인디다큐페스티발은 '실험, 진보, 대화'라는 슬로건으로, 사회적 발언과 미학적 성취를 위해 다큐멘터리 제작자, 연구자, 관객들과 함께 시간을 보내왔습니다. 인디다큐페스티발은 국내 독립 다큐멘터리의 부흥기를 만들어나가고자, 새로운 도전과 변화를 통해 관객과 독립 다큐멘터리 제작자들에게 다가갈 것입니다.

– 인디다큐페스티발2020, 공식 홈페이지의 행사 개요

'인디다큐페스티발'은 사단법인 '한국독립영화협회'(이하 한독협)에 속해 있다. 한독협과 긴밀한 협력 관계에 있는 '인디포럼'이 감독 중심의 영화제라면, '인디다큐페스티발'은 독립영화 중에서도 다큐멘터리만을 위한 영화제다. 극영화에 비해 상대적으로 작품의 숫자도 적고 상영할 기회가 적은 다큐멘터리를 위해 한독협 회원들과 독립 다큐멘터리 감독들이 자발적으로 조직한 영화제다. 집행위원회는 감독, 비평가, 미디액트 활동가 등 여덟 명으로 구성된다. 이들이 영화제 전체와 국내외 초청 프로그램을 기획하며, 국내 신작을 선정하는 예심위원을 매년 별도로 구성한다. 비경쟁 영화제이기에 경쟁부분은 따로 없고, 영화제 기간 중 관객들의 투표로 선정되는 '관객상'만 폐막식 때 수여한다. 이른봄 시작하는 '인디다

큐페스티발'의 푸릇한 봄나물 같은 특별 프로그램은 2009년 처음 선보인 '봄 프로젝트'였다.

변: "봄 프로젝트는 신진 감독 제작지원 사업이에요. 저희 영화제는 경쟁 영화제도 아니고 상금이 있는 것도 아니라 뭔가 내세울 게 없을까 고민했죠. 그러다 우리는 감독과 비평가 중심으로 모인 영화제니까 인적 자원이 상대적으로 풍부하다는 생각이 들었어요. 그걸 활용하자는 생각에 신진 감독들에게 튜터링 프로그램을 제공하고, 영상미디어센터 미디액트의 장비를 사용할 수 있게 하는 실질적 지원을 하는 프로젝트를 만든 거예요. 눈에 보이는 지원이 아니라서 긴가민가했는데 실제로 시작하고 보니 다큐멘터리를 만드는 신진 감독들에게는 많은 도움이 되고 있더라고요. 봄 프로젝트를 통해서 좋은 작품들이 나오고 있습니다."

할 말 많은 시대에 할 말 많은 다큐멘터리 새 얼굴. 그들이 '할 말'을 '제대로 할 수 있게' 인디다큐페스티발과 미디액트가 몸으로 맘으로 직접 밀어드립니다!

— 2009년 첫 번째 '봄 프로젝트' 공모 문구

'봄 프로젝트'는 극장, 영화제, TV 등의 플랫폼을 통해서 작품을 공개한 이력이 두 편 이하인 제작자만 지원할 수 있다. 인디다큐페스티발은 프로젝트에 선정된 감독들이 작품을 기획하고 제작해 완성하기까지의 멘토링 교육

영화제 스태프의 마음

변성찬 · 최민아,

을 지원하고, 미디엑트는 제작에 필요한 장비 대여와 후반 작업을 비롯한 기술 컨설팅을 지원한다. 최종적으로 완성된 작품은 인디다큐페스티발에서 상영할 기회를 얻는다. 2010년 '두 번째 봄' 프로젝트에 강유가람 감독의 〈모래〉가 선정되었다. 이 작품은 이듬해 국내신작전에 최초 공개되었고, 29회 부산국제단편영화제(동일강철상), DMZ 국제다큐멘터리영화제(국내경쟁 최우수 다큐멘터리상) 등 여러 영화제에서 큰 성과를 냈다. 그렇게 지난 11년간 35편의 작품을 선정해 신인 다큐멘터리 제작자들에게 작품을 만들 수 있는 기회를 제공했다.

변: "영화제 예산은 대략 1억 정도예요. 서울문화재단과 영화진흥위원회 등의 공모사업을 통한 공적 지원금, 그리고 개인 및 단체 후원금으로 필요한 예산을 마련하고 있어요. 개막식부터 폐막식까지 할 게 많아서 예산이 넉넉진 않아요. 극장도 빌려야 하고 게스트 초청에다 작품 초청, 팸플릿 발행하고 포스터 만들고 홍보하고, 또 단기 스태프도 고용해야 하고. 사실 지원금을 신청하고 돈이 나올 때까진 보릿고개나 마찬가지죠. 우리 영화제는 3월 말에 개최하는데 정작 지원금이 집행되는 시기는 영화제가 끝난 후거든요. 그러니까 일정이 안 맞아서 힘든 시기가 생기죠. 그래도 잘 이끌어 가는 건 사무국장님 덕분입니다. 제가 사람들한테 그래요. 우리 정도 규모의 영화제는 든든한 사무국장만 있으면 얼마든지 가능하다! 뒤집어 말하면 사무국장님한테 너무 많이 기대고 있는 것이기도 하죠."

영화제 스태프의 마음

순수열정 관객에서 사무국장까지

'집행위원장은 없어도 되지만 사무국장 없인 영화제를 할 수 없다.' 이는 아는 사람은 다 안다는 영화제의 정설이다. 소규모 영화제인 경우 더더욱 사무국장에게 기댈 수밖에 없는 구조다. 자원활동가로 이루어진 집행위원이나 예심위원들이 적절한 시기에 영화제의 방향을 정해 공모와 선정을 준비하고 계획을 세울 수 있도록 전체적인 일정을 잡아 실행에 옮기는 일이 모두 사무국의 몫이기 때문이다. 인디다큐페스티발의 유일한 상근직 근무자이자 9년 차 사무국장인 최민아 씨야말로 이 정설을 온몸으로 증명하고 있는 사람이다. 그를 영화제의 세계로 이끈 것 역시 지역의 한 영화제였다.

최: "2004년이었어요. 부천 국제판타스틱영화제를 처음 방문했는데 너무 좋았어요. 이런 곳이 있구나, 이런 사람들도 있구나. 그 후로 부산, 전주, 서울독립영화제 등 다양한 영화제를 찾아다녔어요. 새로운 세상이 열린 느낌이었죠. 그 뒤로 각 영화제 홈페이지들도 자주 들어가보고 그러면서 영화제가 많다는 걸 알았어요. 독립영화계에서는 곡사, 윤성호, 최진성 감독이 주목을 받고 있었는데, 그 감독들의 영화를 보면서 내가 그동안 봐온 영화들과 다르다는 느낌을 강하게 받았죠. 그러다가 영화제를 적극적으로 지지하자는 생각으로 자원활동가를 시작했어요."

한정된 자원으로 행사를 치러야 하는 영화제는 '자원활동가'들의 도움이 필수다. 이들은 적극적인 관객이자 지지자들이다. 관객 그리고 시민들과 소통하며 함께 만들어간다는 취지로 대부분의 영화제가 자원활동가를 모집하고 있다. 몇몇 영화제는 경쟁도 꽤 치열하다. 보통 영화제가 열리기 두 달 전 활동가들을 모집하는데 운영팀, 마케팅팀, 프로그램팀, 홍보팀, 자막팀, 기획사업팀, 초청팀 등 영역도 세분화돼 있다. 영화제마다 모집 대상이 다르기는 하지만 대부분은 영화제에 열정을 가지고 참여할 사람, 영화제의 취지에 공감하고 다양한 관객 특성을 존중할 수 있는 사람, 적극적으로 참여할 사람을 대상으로 뽑는다. 특별한 재능보다는 영화제를 즐기고 적극적으로 참여할 수 있는 몸과 마음만 있으면 족한 것이다. 그런 사람이라면 누구나 영화제에 자원활동가로 일을 할 수 있다. 영화제에 가보면 티켓 부스 및 상영관 안내, 현장 진행, 외국어 지원, 관객과의 대화, 취재와 기록 등 다양한 활동을 하는 자원활동가들을 만날 수 있다. 많은 사람을 상대하는 일이라 어려움이 있을 텐데도 언제나 활짝 웃으며 친절히 안내해주는 자원활동가들을 만나면 영화제가 더욱 품격 있어 보이는 게 사실이다.

최: "영화제 자원활동을 시작한 초기에는 서울독립영화제에서 활동하게 되었어요. 독립영화와 적극적으로 만나는 계기가 되어 주었죠. 그즈음에 독립영화를 많이 접하며 영화가 표현하는 방

영화제 스태프의 마음

"소소하게(?) '영화제 기분'을 내고 싶을 때 꺼내 입어요.
해마다 영화제 티셔츠를 업데이트하는 나름의 쏠쏠한 재미가 있습니다."

식이 다양하다는 걸 느꼈어요. 서울독립영화제에서 김희철 감독의 〈진실의 문〉을 관람한 것이 지금도 강한 인상으로 남아 있는데요, 세상을 다르게 볼 수 있게 해준다는 것, 그것이 영화를 통해 가능하다는 것이 저에겐 새로운 세계였어요. 그리고 우리가 잘 몰랐던 세상을 독립영화나 다큐멘터리를 통해 마주할 수 있다는 것을 알았죠. 그 후 부산국제영화제, 서울독립영화제, 인디다큐페스티발 등에서 단기 스태프를 하게 되었고, 그러다 사무국장 제안이 와서 그 길로 일을 시작했어요."

그는 영화제에 애정을 가진 단순 관객으로 시작해 자원활동가, 단기 스태프를 거쳐 사무국장까지 하게 된 경우다. 좋은 영화를 더 많은 사람이 보면 좋겠다는 마음으로 시작한 작은 행동이 쌓여 직업으로 이어진 셈이다. 그는 관객에서 사무국장으로 자신의 위치가 변하는 동안, 영화제의 이모저모를 두루 경험하게 되었고, 어디에 무엇이 필요한지 아는 사람이 되었다. 각각의 위치에서 아쉬웠고 불편했고 필요했던 점이 무엇인지 분명하게 알았기 때문에 사무국장이 되고 난 후엔 영화제 전반을 더 꼼꼼하게 챙길 수 있었다.

최: "영화제가 시작되고 나면 매일매일이 점검이에요. 보통 영화제 기간엔 첫 상영 시작 한 시간 전(대략 오전 10시)에 업무를 시작해서 마지막 상영 종료 후(대략 오후 11시)에 일과가 끝나죠. 주업무는 영화 상영과 GV가 이상 없이 진행되는지 살피고, 감독이

영화제 스태프의 마음

나 관계자가 극장을 찾으면 맞이하고, 필요한 것이 있을 때 극장과 조율하고, 현장에서 문제가 생기면 수습하는 거예요. 단기 스태프, 자원활동가들과 협력해 현장에서 일어나는 돌발 상황에 빠르게 대처할 수 있도록 하는 거죠."

영화제의 힘

이 글을 쓰는 동안 '서울환경영화제'가 열렸다. 올해는 개막식과 영화 상영을 온라인으로 진행했다. 환경 이슈에 대한 체험도 하고 한데 모여 축제를 즐겼던 영화제를 모니터 앞에 앉아 혼자 관람하자니 아쉬움이 컸다.

그간 많은 영화제를 아이들과 함께 갔다. 누군가 나에게 두 아이를 어떻게 키웠냐 물으면, 영화와 여행으로 키웠다고 답한다. 전주, 부천, 파주, 서울…. 여행 삼아 가족과 함께 크고 작은 영화제에 다니는 동안 아이들은 조금씩 달라졌다. 낯선 독립영화의 문법에 졸다 보다를 반복하다가 점점 영화제 가는 것을 즐기게 되었다. 무엇보다 세상의 다양한 문제를 다큐멘터리를 통해 알아갔다. 상업영화에서는 잘 다루지 않는 주제가 나오면 우리는 영화를 보고 길게 이야기를 나눴다. 세상엔 나름의 가치를 가진 중요한 일들이 정말 많다. 생각해보아야 하고, 공감하고 실천해야 할 것들도 많다. 입시와 사교육으로 정신없이 내몰리던 아이들도 영화제에서만큼은 지구 저

편의 난민과 내전, 지구온난화 같은 문제들을 보고 듣고 고민할 수 있었다. 그러므로 영화제는 학교가 채워주지 못한 부분을 채워주는 좋은 교육의 장이었다.

> 최: "인디다큐페스티발에서 상영하는 영화를 통해 감독과 관객이 저마다의 의미를 찾아나갈 때 가장 보람을 느껴요. 감독은 감독대로, 관객은 관객대로, 따로 또 같이. 영화제가 매개가 되어서로 만나고 어떤 의미가 되어가는 것에서 힘을 얻어요. 그 힘이 영화제를 이끌어가는 동력이 되는 것 같아요."

비평가에서 집행위원장으로

"저는 무능한 가장 같은 느낌이 많이 들어요." 집행위원장의 역할에 대해서 묻자 의외의 답이 돌아왔다. 예의상 '아니에요'라든가 '그럴 리가요' 같은 답을 헤야 옳았지만 그러지 못했다. 독자들은 기억하고 있을 것이다. 다큐멘터리가 얼마나 열악한 환경과 자원으로 제작되는지, 얼마나 많은 이가 '시인의 마음'으로 '포기하지 않음'의 미덕으로 다큐멘터리를 만들어가고 있는지. 그러다 보니 그 '영화들의 영화제' 집행위원장이 말한 '무능한 가장'이라는 표현이 적절하게 들려 순간가슴이 아팠다. 그런데 마냥 무능한 가장인 것만은 아니다. 그 마음이 그렇다는 것이다. 마음만큼 다 해주지 못하는 아쉬움

영화제 스태프의 마음

에서 나오는 말임을 나는 안다.

'무능한 가장'의 탄생지는 영화제가 아니라 영화평론 쪽이었다. 정확한 언어를 사용해서 영화를 읽어내는 곳, 그곳에서 '변성찬'이라는 이름을 먼저 발견해 세상에 알렸다.

어떤 의미에서 이 이야기는 일련의 엽기적인 죽음들에 관한 극도로 축약된 '검찰 보고서'이기도 하다. 잘 알다시피 수사 보고서는 거꾸로 쓰여진다. 결과가 먼저 있고 원인이 뒤따른다. 먼저 처벌해야 할 '죄'가 있고, 나중에 그 행위의 그럴듯한 '동기'가 구성되는 것이다. 그렇기 때문에 불필요한 잉여가 전혀 없다. 이 영화는 마치 수사보고서처럼 군살 하나 없이 철저한 '인과율'로 꽉 짜여 있다. '결과'는 황당한데, 그러한 결과가 나올 수밖에 없는 '동기'는 지나칠 정도로 풍부하고 설득력 있게 주어져 있다는 것이다.

— 변성찬, 〈복수는 나의 것〉 비평에서

변성찬 집행위원장은 2002년 '씨네21 영화평론상' 최우수상을 받으며 비평가로서 활동을 시작했다. 그 이전엔 문학청년이었고 노동운동가였으며 학원 강사였다. 낮과 밤이 바뀐 학원 강사 생활로부터의 유일한 해방은 영화 감상이었다. 그러다 운명처럼 박찬욱 감독의 〈공동경비구역 JSA〉를 보았고, 영화에 글이라는 몸을 입혀 세상과 소통하고 싶은 욕구가 생겼다. 그래서 밤마다 영화를 봤고 '수유너머'에서 공부를 했다. 그리고 영화에 대한 글을 썼다.

변: "비평가로 등단하기 전 저는 한국 독립영화를 거의 본 적이 없어요. 등단 후에도 주로 극장 개봉하는 대중영화를 보고 글을 썼죠. 2008년에 '인디포럼'에서 예심위원 제의가 들어와서 거의 처음으로 한국 독립영화를 접하게 됐죠. 점점 일반 대중영화를 보면 손맛보다 조미료 맛이 더 강하게 느껴져서 괴롭기 시작하던 차에 신선한 경험을 했죠. 그 뒤 2009년에 인디다큐페스티발 집행위원장이었던 박정숙 감독이 집행위원 제안을 해서 여기까지 오게 되었습니다. 결국 두 번의 우연 덕분에 한국 독립영화와 독립 다큐멘터리와 인연을 맺게 된 셈인데, 영화와 사회에 대한 시야와 고민의 폭이 넓어지고 깊어질 수 있었던 것 같습니다. 저에게는 좋은 우연이자 인연이었습니다."

독립영화의 '독립'이란 흔히 말하듯 검열을 거부하고 자본을 적게 쓰는 일만을 의미하지 않는다. 독립은 '그 무엇을 위한' 일일 때 그 의미가 완성된다. 화려하고 기름진 화면보다는 치열하고 정직한 장면들로 새로운 영상언어를 만들기 위해, 우린 상투적 영화공식에서부터 독립을 선언한다. 한 사람의 인권, 소수의 자유를 지키기 위해 우린 권력으로부터 독립을 선언한다.

― 한국독립영화협회 창립선언문 중

영화제 집행위원장은 대외적으로 그 영화제의 대표성을

　　　　　　　　　　영화제 스태프의 마음

"상영할 영화들에 대한 첫 반응이 담겨 있는 소중한 자료이지요.
예쁜 디자인과 충실한 내용도 자랑스러워요."

갖는다. 대표의 자격으로 여러 영화제에 참여하기도 하고, 영화제 내에서 중요한 결정을 내려야 할 때나 긴급한 결정이 필요할 때 책임감을 갖고 선택을 해야 한다. 예산을 확보하기 위해 관계기관에 가서 프레젠테이션도 한다. 예산 집행이 끝나면 감사도 받는다. 개인이기보다는 영화제 대표로서 자신의 언행에 책임을 져야 하며, 특히 영화제가 지향하는 방향에 반하는 행동을 해서는 안 된다.

변: "저는 기본적으로 독립 다큐멘터리가 갖는 내적 지향성을 거스르지 말자는 생각이에요. 후원하는 기관에서는 몇 년째 같은 지적을 합니다. 왜 관객 수가 늘어나지 않느냐? 왜 생각만큼 홍보가 되지 않느냐? 그런데 저는 우리 영화제는 외연 확장이 목표여서는 안 된다고 봐요. 영화제가 판을 키우려면 경쟁하고 지원금을 줘야 하거든요. 그런데 그게 기본정신에 맞나? 꼭 경쟁을 해야 하나? 물론 뉴스거리가 있으면 화제도 되고 판도 커집니다. 그런데 그건 우리 영화제의 정체성에 침해가 된다고 봐요. 무엇이 맞다 틀리다는 아니지만 각각 고유한 역할이 있죠. 너도나도 다 같이 경쟁하고 판을 키우고 상금을 줄 필요는 없지 않을까? 우리는 우리가 할 수 있는 것, 해야 할 일을 하자. 그렇게 생각해요. 우리 영화제는 다큐멘터리 창작자를 중심으로 비평과 관객들, 그 관계 에너지로 생긴 영화제니까요."

영화제가 가야 할 길

2019년 DMZ 국제다큐멘터리영화제의 기획 중 하나로 〈한국 다큐멘터리 50개의 시선〉이라는 특별 프로그램을 선보였다. 50명의 비평가와 기자들이 관객에게 추천하는 한국 다큐멘터리 55편을 선정하고, 그중 10편을 상영하는 특별전이다. 대중 예술인 영화, 그중에서도 다큐멘터리는 대중과 만나는 접점을 얼마만큼 가지고 있는지 진지한 논의와 토론을 통해 한국 다큐멘터리의 좌표를 찍어보자는 계획이었다.

> 2019년 지금, 한국 다큐멘터리 영화는 사회 변화와 제작 환경에 따라 계몽적 시기, 성찰적 시기, 확장의 시기, 미학적 시기를 거쳐 다양해지고 풍성해졌다. 그러나 역설적으로 관객과 만나는 접점은 많지 않다. 몇몇 영화제를 돌고 나면 더는 관객을 만날 수 없는 영화가 다수이고, 개봉한다 해도 관객 1만 명이 들면 축하파티를 하는 게 현실이다. (…) 그렇다면 2019년 현재, 한국 다큐멘터리 영화와 관객은 어떻게 접점을 찾을 수 있을까?
>
> — 이승민, '한국 다큐멘터리 50개의 시선'을 기획하며

이와 함께 2019년 DMZ 국제다큐멘터리영화제에서는 다큐멘터리 영화를 위한 비평의 장도 열렸다. 〈DMZ-POV: 다큐멘터리를 말하다〉라는 이름으로 다큐멘터리를 비평적 시

각으로 함께 말하고 나누는 소모임이었다. 당시 내가 참여한 그룹에서는 '디지털 네이티브 세대와 다큐멘터리의 접속은 어떻게 가능한가'라는 주제로 토론을 했다. 그날 많은 이야기가 오갔는데, 가장 기억에 남는 건 변성찬 집행위원장의 디지털 네이티브를 위한 '다큐멘터리 프린지 페스티벌'에 대한 아이디어였다. 다큐멘터리의 제작과 공감의 영역을 더 확장하고자 하는 시도였다. 그것이 적어도 새로운 접점이 될 수 있다고 나는 생각한다.

> 변: "제가 요즘 고민하고 있는 것 중 하나가 디지털로의 전환 이후 점점 많아지고 있는 일종의 다큐멘터리적 실천을 영화제가 어떻게 수용하고 결합할 수 있을까 하는 문제예요. 인디다큐페스티발이 시작되었던 2001년 무렵 한국에서도 '프린지 페스티벌'의 흐름이 있었는데, 어느 순간 그런 자발적인 문화가 사라졌어요. 프린지 페스티벌이야말로 비경쟁 정신의 끝이죠. 디지털로의 전환 이후 작품 수가 너무 많아진 것도 그런 흐름이 중단된 원인 중 하나일 것 같은데, 온라인으로 해보면 가능하지 않을까 생각해보는 거죠. 한데 모아 상영하면 서로의 존재를 확인하고 서로 자극을 받는 과정에서 새로운 흐름이 생길 수도 있지 않을까 하는 막연한 기대를 해보는 거죠."

그래, 최초의 다큐멘터리도 그렇게 시작되었을 것이다. 그것이 호기심이든 열정이든, 자신이 본 것을 기록해 누군가

영화제 스태프의 마음

와 나누고픈 욕망에서 시작된 것이라는 게 중요하다. 요즘은 어린아이들도 스마트폰을 들고 무언가를 찍는다. 자기들끼리 놀이로 찍으면서도 "완성!"이라든가 "좋아요 눌러주세요!" 하는 추임새를 꼭 넣는다. 유튜브의 영향이다. 캠프를 가거나 봉사를 할 때, 학교나 동아리 행사에서도 연습 하는 모습이나 봉사 활동을 영상으로 담는다. 으레 촬영을 담당하는 봉사자가 따로 있다. 내내 사진이든 영상이든 기록을 맡는다. 그러니까 다큐멘터리 활동을 하고 있는 것이다. '인디다큐페스티발'의 단편작 출품 영상 중에도 그런 내용이 많다. 그런 출품작들 중 함께 볼 만한 내·외적 조건을 갖춘 작품들을 선정해 상영하고 싶다는 것, 그들에게 '판'을 깔아주고 싶다는 것이 변성찬 집행위원장의 바람이었다. 이번 20회 영화제를 통해 '온라인'이라는 새로운 접점을 찾았으므로 어쩌면 온라인이 그들을 위한 공간이 될 수도 있을 것이라는 집행위원장의 말에 나는 깊이 공감했다.

변: "엄숙주의 탈피! 다큐멘터리가 너무 진지하다는 지적도 많아요. 물론 소재 때문에 어쩔 수 없는 부분도 있지만요. 가볍지만 현재를 담고 있는 작품도 있거든요. 가벼운 마음으로 기록해서 만든 작품들은 영화제 상영작으로 선택하진 않았지만 계속 마음에는 남아요. 그들을 실망시키고 싶지 않은 거죠. 그들의 기록을 멈추게 하고 싶지도 않고요. 젊은 세대들과 겹쳐지며 공감하고 소통하고 싶은 게 제가 하고 싶은 일 중 하나예요. 이제 스무 살

이 됐으니, 인디다큐페스티발이 좀 더 젊은 세대들과 손을 잡는 영화제로 나아갔으면 하는 게 제 바람입니다."

어떤 형식으로든 다큐멘터리를 만들어본 사람들이, 기록이 기억이 된다는 것을 깨닫게 된 이들이 다큐멘터리를 볼 것이다. 영화의 완성은 관객이다. 감독에게서 출발한 영화는 결국 관객에게서 의미를 찾아 꽃을 피운다. 한국에서 만들어지는 다큐멘터리 영화의 대부분은 영화제를 통해 세상으로 나가 관객들을 만난다. 만들어지는 작품 수에 비하면 관객들과 만날 수 있는 공간도 기회도 적다. 관객과 만날 수 있는 기회를 가지지 못하면 기록된 이야기는 새로운 역사를 만들어내지 못한다. 그런 의미에서 영화제는 소중한 시간이고 공간이다. 이 좋은 축제에 많은 이들이 와서 북적이면 좋겠다. 1년 내내 고생한 이들이 흐뭇하도록, 흐뭇해서 힘든 줄도 모르고 또 내년을 꿈꿀 수 있도록 말이다. 아이들은 영화제 마당에서 뛰놀고, 다큐멘터리를 만든 이들은 관객들에 둘러싸여 토론을 하고. 그렇게 성숙한 시민들이 모여 조금 더 나은 세상을 꿈꾸면 좋겠다. 스무 살이 된 인디다큐페스티발이 앞으로 그 역할을 하나씩 해나가리라 나는 생각한다.

우리의 인생은 점이 아니라 선이다. 무엇인가를 완성했다고, 목표하는 곳에 도착했다고 거기서 끝나는 것이 아니다. 그 후로도 삶은 이어진다. 그 점을 이어 선으로 연결하기 위해서 우리는 많은 이들과 손을 잡으며 함께 살아가야 한다.

변성찬·최민아,

함께 살아가는 세상을 가능하게 하는 마음, 상대의 가치를 존중하고 보살피며 도우려는 마음, 그 아름다운 마음에는 이름이 있다. 그것이 바로 영화제와 그 영화제를 만드는 스태프의 마음이자 다큐멘터리의 마음일 것이다.

변성찬 영화제 스태프가 추천하는
내 인생의 다큐멘터리 영화

파산의 기술 記述 (2006)
2000년대 초중반의 한국사회에 대해 냉철하게
조감하는 작품. 영화가 나온 지 10여 년이 지났
지만 그 시선에 담긴 질문은 여전히 유효하다.

세계의 이미지와 전쟁의 각인
(Images of the World and Inscriptions of
War, 1988)
현대사회에서 이미지의 기능에 대한 고민과 성
찰이 담긴 작품이다. 영화가 던지는 질문의 깊이
와 폭이 한마디로 웅대하다.

최민아 영화제 스태프가 추천하는
내 인생의 다큐멘터리 영화

진실의 문 (2004)
진실을 외면하는 국가 권력과 양심이 무너진 사회 시스템의 이면, 그리고 누군가의 진심을 좇는 카메라의 단단한 힘이 느껴지는 작품이다.

아들의 시간 (2014)
공간과 기억을 쌓아올리는 시간들이 어떤 수행과 겹쳐지면서 지난 것들에 대한 애도를 정서적으로 그려낸다.

영화제 스태프의 마음

"밥 한 끼 같이해요!"

끼니도 안부도 늘 궁금한 사이지만, 촬영현장과 편집실, 극장
을 바쁘게 오가느라 마음으로만 응원하는 날이 더 많았습니
다. 그러다가 처음으로 한자리에 모여 대가족처럼 단체사진을
한 장 찍었습니다. 코로나19로 한국에 오지 못한 박영이 감독
의 빈자리가 아쉽습니다.

우리의 마음을 담아, 여기에 남깁니다.

다큐하는 마음

1판 1쇄	2020년 9월 23일
1판 2쇄	2022년 4월 29일

지은이	양희
펴낸이	김태형
펴낸곳	제철소
등록	제2014-000058호
전화	070-7717-1924
팩스	0303-3444-3469
제작	세걸음

전자우편	right_season@naver.com
인스타그램	instagram.com/from.rightseason

© 양희, 2020

ISBN 979-11-88343-33-1 03300